日日小紀錄，
實踐高效人生

데일리 리포트 하루 15분의 힘

徐惠潤（서혜윤）——著

黃莞婷——譯

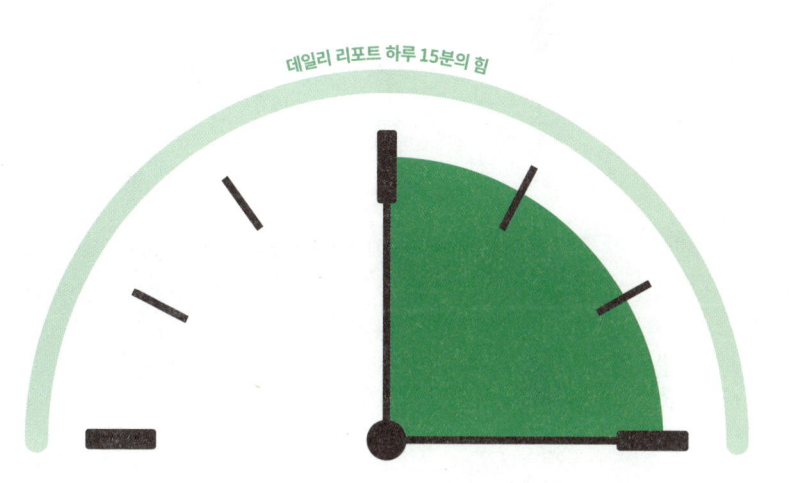

Contents

時間管理清單

序言　我的〈日日小紀錄〉 *5*

Part 1 關於〈日日小紀錄〉的一切

你現在必須寫〈日日小紀錄〉的原因 *18*

計畫、沉浸、回饋、夢想成真 *21*

〈日日小紀錄〉的基本設定 *42*

計畫——用15分鐘創造26小時 *52*

沉浸——掌控時間主導權 *61*

Part 2 制定目標與實踐的方法

給苦惱的你　124

夢想的祕密　126

找出夢想的文氏圖──zone of genius　129

在眼前展開的夢想──願景板　139

此生能看見極光嗎？──目標階段　147

常見問題＆解答　119

〈日日小紀錄〉的年末總結　114

檢視清單＆〈日日小紀錄〉　97

回饋──尋找我的隱藏時間　76

Keep going

Part 3 制定具體的管理方法

時間管理法 *152*

一天管理法 *168*

心靈管理法 *182*

結語　讓人生變得帥氣的方法 *193*

時間管理清單

讓我們用簡單的測試檢視你現在的時間管理習慣。請閱讀問題後，回想一下自己最近一週的狀態。

填寫完畢再累計得分，檢查結果（**1分**：非常不符合；**2分**：有點不符合；**3分**：普通符合；**4分**：有點符合；**5分**：非常符合）。

問題	1分	2分	3分	4分	5分
1. 制定了計畫卻無法按計畫執行，順其自然地度過每一天					
2. 覺得時間流逝得很快					
3. 經常因為期限而感到壓力					
4. 有時候做完該做的事，卻不知道如何利用多出的時間					
5. 有時候事情比我制定好結束的時間更早或更晚					
6. 把時間花在要做的事上，卻沒有時間陪伴家人、朋友，甚至自己					

測驗結果

6～10分　時間支配者
你非常擅長利用時間，沒有太大問題。

11～15分　時間的朋友
時間站在你這邊。如果你能獲得一些竅門並充分利用會更好。請試著寫＜日日小紀錄＞吧。

16～25分　時間的鴨雀[1]
你總是像被什麼追趕一樣汲汲營營，有必要改善時間管理方法。請通過＜日日小紀錄＞彌補不足之處吧。

26～30分　時間的奴隸
因為你無法管理自己的時間，你的日常生活已經出現了問題。你現在需要回顧並安排一天，制定新計畫。請現在就動手寫＜日日小紀錄＞吧。

| 譯註 1 | 來自韓國俗語「鴨雀隨著白鸛行動的話，會撐斷腿」（뱁새가 황새를 따라가면 다리가 찢어진다），也就是不自量力的意思。 |

序言
我的〈日日小紀錄〉

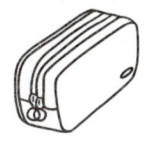

曾與孤獨纏鬥的我，成為了興趣廣泛的人

我容易感到孤獨。當然了，人本是孤獨的存在，不過我在生活中發現，我意識到自己比其他人更容易陷入孤獨。這種與生俱來的孤獨感總是伴隨著我。

我記得上國中的時候，每天放學回家後，我總是不由自主地拿起手機，轉眼間就滑了兩三個小時，但當我放下手機起身時，內心卻充滿了空虛。看電視也是一樣的情況。我們一家人經常圍坐在客廳收看綜藝節目（《無限挑戰》、《搞笑演唱會》），說說笑笑度過兩三個小時。然而，當節目結束，關掉電視時，彩色畫面變得漆黑，那

一刻，我感到茫然，甚至湧上了空虛與虛無！自那一刻起，我就決定把原本與家人看電視的時間，用來讀書。

我拿出筆記本，寫下了要讀的範圍和考試倒數的時間，然後計算出一天需要學習的分量。非常多。我感到心情沉重又茫然。因為心煩意亂，讀書很難進入狀況。

我看了看手錶，距離電視節目結束還有兩小時左右。我將英文課文大致分成四個部分，每三十分鐘背一部分。我記得我花了兩小時向父親炫耀，我背下了所有課文。

當我把原本有些令人茫然與焦慮的事分割成小任務時，它突然變成了一項輕鬆的挑戰，我甚至有時間複習。儘管微不足道，但成為了我〈日日小紀錄〉的起點。

從那時起，我更詳細地記錄。隨著記錄變得更詳細，我更能掌握時間主導權，不再被時間牽著鼻子走，我的憂慮也逐漸減少。這就是我現在所遵循的〈日日小紀錄〉記錄方式，而我的人生也有了轉變。

原本在班上成績中等的我，因為堅持書寫〈日日小紀錄〉，最終考上了教育大學，在校時始終保持著優異的成績，畢業後也成功通過了教師招聘考試。假如沒有

〈日日小紀錄〉，我或許仍坐在書桌前，怨聲載道。

我的人生並沒有因為當上老師而畫下句點。現在才是真正的開始。職場生活苦不堪言，但多虧了〈日日小紀錄〉，我得以堅持下來，並向前邁步，過上真正屬於我的人生。

當我獨自承受痛苦的時候，我不經意地觀察了我周圍的人與這個世界。其他人孤獨時會怎麼做呢？我周圍的人排解孤獨的方法各式各樣，有人選擇喝酒，有人選擇和朋友或戀人相聚，也有人透過人文或哲學尋找答案。這世上也有像舉世聞名的畫家梵谷一樣，一生在孤獨中度過，最終迎來死亡或對某種事物上癮。每個人對抗孤獨的方法各異，那我呢？照這樣下去，也許我會在孤獨中度過餘生。我應該如何生活才好呢？

我再次細分了一天的時間，並安排每小時待辦事項。從起床到睡前，我掌握全然的時間主導權。我不想讓孤獨之類的東西介入我的生活。

我持之以恆地寫〈日日小紀錄〉，這讓曾與孤獨纏鬥的我，成為了興趣廣泛的

具體來說，我堅持經營部落格，通過硬筆書法一級檢定和硬筆書法師資證書。雖然實力普通，但我會彈奏鋼琴、卡林巴琴與陶笛等樂器，並會用縫紉機做衣服、享受健身、自行車與慢跑等運動。

此外，我還根據韓國十進分類法[2]閱讀與寫閱讀心得。我已經寫了五百篇日常散文，偶爾也會記錄食譜。攝影也是我的興趣之一。我每年拍攝五千多張照片，並留下紀錄。我在房間的一角布置了一個溫馨的繪畫咖啡廳空間，在那裡進行如繪畫等的多種興趣愛好。雖然我同時進行這麼多事，但我的生活不僅不混亂，反而變得井然有序。

如今，當我再次環顧周遭，我看見了許多過去的我。我的朋友曾說每天都像不停歇的滾輪般令人精疲力竭，或是會說：「一天又過去了呢。」你是否也曾感受時間飛逝呢？或是週五閉上眼睛再睜開眼，卻發現已經是週一了？會有這種感受的人，不在少數。

如果你曾有過這種感覺，那麼這本書將成為你的答案。本書能幫助你掌握稍縱即

逝的時間主導權，找到人生捷徑，並實現夢想。要是你已經有每日寫記錄的習慣，本書會幫助你更有系統性地整理你的紀錄。

網路上也可以找到各種形式的〈日日小紀錄〉，尤其是 Youtube 頻道 STUDIAN 的高英成作家（音譯）、申英俊（音譯）作家於二〇一七年出版了《Polaris》（플라리스），並舉辦了相關講座。想要尋找更多資訊的人不妨參考。不過，在本書中，我想介紹我創造的〈日日小紀錄〉。這是我年輕時，經歷過多次錯誤並反覆改進的日常記錄方式。本書主要分成三部。

在第一部，我將詳細介紹〈日日小紀錄〉的概念，以及它對你的幫助與書寫方法。我按照〈日日小紀錄〉的書寫順序、階段與構成要素進行說明，這些都會影響到後續階段與結構。我建議你依序閱讀，先看第一部。你只需反覆讀到理解為止。最重要的是，我不僅提供了撰寫每日記錄的方法，而且根據撰寫記錄的順序提出了七種選

譯註2｜韓國圖書館所使用的分類系統。

擇。請你在看完之後，找出適合自己或有意採用的方式。

在第二部，我介紹了透過〈日日小紀錄〉實現目標的具體方法。日日小紀律與目標息息相關。但如果你還沒有明確的目標，或者雖有夢想但感覺模糊、遙遠，那麼我建議你先閱讀第二部。這將幫助你獲得靈活運用每一天的動力。

假如你已經熟知了前兩部的內容，但生活中仍有一些窒礙難行的方面。你將在第三部獲得解決方法。第三部將介紹你能在哪些方面更詳細管理時間。我期望你能透過本書實現夢想，並通過時間管理法，擁有充實的每一天。現在請翻頁查看我在第一部中提供個人的〈日日小紀錄〉，作為你檢視的檢查清單。

檢視〈日日小紀錄〉

1月目標：讀5本書	1	2	3	4	5
今日目標：讀50頁	////	//// →			

時間	要做的事	投入度	分類
7	準備上班 3　上班 2		R
8	數學課 3		W
9	應用課 5		W
10	科學課 4		W
11	午餐時間 1		R
12	午休 5		W
13	韓文課 5		W
14	打掃 5		W
15	文書處理 1		W
16	提交計畫 2		W
17			W
18	致電給俱樂部 1　下班 2		W
19	晚餐 2		R
20	閱讀 3		V
21	手機 1		X
22	就寢 4		Z
23			Z
24			Z
24-7			Z

＊試著在三點空出時間休息。

＊沒辦法減少工作時間，就試著活用下班時間。

morning glory

13　序言｜我的〈日日小紀錄〉

你專屬的〈日日小紀錄〉檢查清單

1. 請檢查一下〈日日小紀錄〉要記錄的天數
   □一天　□一週以上

2. 請檢視撰寫〈日日小紀錄〉的時間
   □每小時　□每個任務結束後　□就寢前

3. 請檢視要用什麼寫〈日日小紀錄〉
   □筆記本／手帳　□模版　□Excel　□筆記應用程式

4. 請檢視投入度的測量標準
   □時間（□10分鐘　□1小時）□實際執行的任務

5. 請檢查投入度的階段
   □2階段　□3階段　□5階段

6. 請檢視回饋的標準與方法
   □實際執行的任務（□圓餅圖　□字母　□顏色）
   □投入度（□上／中／下　□分數　□圓餅圖　□圖表）

7. 請檢查回饋週期
   □每小時　□每天　□十天　□一個月

坦白說，我一直希望能與書多親近，但常感到心有餘而力不足，看每本書都會遇到差不多的情況，就是即使讀到了一些引起共鳴的內容，但只要闔上書本，大多會忘得一乾二淨。因此，總無法享受到閱讀的樂趣。

後來，我偶然遇見了一位將書中內容付諸實踐的人。我對書中產生共鳴的部分，只是點頭認同而已，但那個人卻將所讀的內容付諸於行動。看到他將生活出高尚的品味後，我改變了主意，即使書中內容再無趣，我也下定決心實踐從中學到的一件事。要全盤效法固然困難，但只嘗試做其中的一件事，心理負擔就會小很多。

我會去嘗試每件事，即使不適合我，我也會試圖將它轉化成我的。雖然這些看似微不足道，但如今回想起來，就像第一次振動翅膀所引起的蝴蝶效應般，帶來了我人生的巨大改變。

做一生中從未嘗試的事情極具挑戰性，也很了不起。這並非人人都能做到的。對我而言，寫〈日日小紀錄〉仍然是一項艱鉅任務，我仍有許多需要改進之處。然而，通過熟悉與實踐這本書的內容，我得以明白自己度過怎樣的一天，知道在什麼時候、

15　序言｜我的〈日日小紀錄〉

做什麼事時感到幸福,並且學會充實自己的方法。

現在輪到你了。我衷心希望你一定要完整閱讀這本書。將書中的所有內容貫徹實踐可能並不容易,但我希望你至少將一項印象最深刻的內容,付諸實踐。如果你能敞開心扉,接受本書的內容,我將感激不盡。

Part 1

關於〈日日小紀錄〉的一切

看每天的紀錄，能看見我的一天如何過去，看一年的紀錄，能看見我的目標如何實現。

計畫、沉浸、回饋、夢想成真

所謂的〈日日小紀錄〉就是記錄下每一天，意即把自己今天做的所有事，分類並記錄下來。

〈日日小紀錄〉是分割時間，每個時間段要做的事，並檢視自己對每件事的**投入度**，完成既定事項後，回顧一天，作出**回饋**，並於第二天改進。

「天啊，每天都要記錄每件事？記錄下來有什麼用？」不用緊張，只要跟著這本書按部就班進行，你也能成為〈日日小紀錄〉的專家與時間管理高手。

關鍵在於，你只需要理解三個步

執行〈日日小紀錄〉的 3 步驟

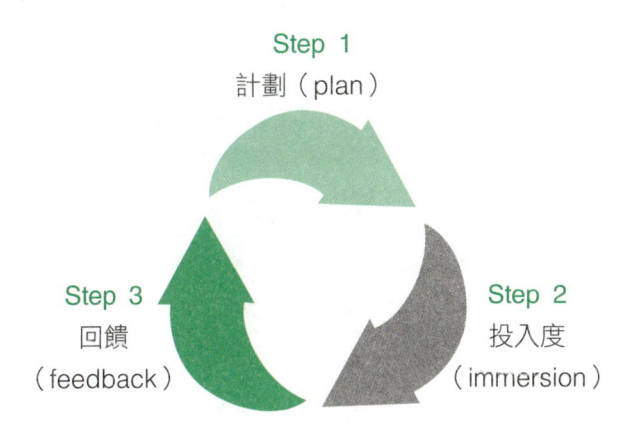

Step 1
計劃（plan）

Step 2
投入度
（immersion）

Step 3
回饋
（feedback）

驟：**計劃、投入度與回饋**。首先，在 Step1 中，將一天分割成小塊，並根據時間段分解目標後，進行記錄；在 Step2，記錄實際做了什麼事與實踐投入度；Step3，具體回顧一天，根據回饋制定新計畫。這就是〈日日小紀錄〉。

①

No.

1月目標：讀 5 本書	1	2	3	4	5
今日目標：讀 50 頁	////	→			

時間	要做的事	投入度		分類
7	準備上班 3　上班 2		R	
8	數學課 3		W	
9	應用課 5		W	
10	科學課 4		W	
11	午餐時間 1		R	
12	午休 5		W	
13	韓文課 5		W	
14	打掃 5		W	
15	文書處理 1		W	
16	提交計畫 2		W	
17			W	
18	致電給俱樂部 1　下班 2		W	
19	晚餐 2		R	
20	閱讀 3		V	
21	手機 1		X	
22	就寢 4		Z	
23			Z	
24			Z	
24-7			Z	

②

* 試著在三點空出時間休息。
* 沒辦法減少工作時間，就試著活用下班時間。

③

詳細說明請見 96 頁。

morning glory

日日小紀錄，實踐高效人生　　20

你現在必須寫〈日日小紀錄〉的原因

可以看見目標實現的過程

〈日日小紀錄〉不僅是單純地整理與記錄日常生活,其中蘊含著個人目標的設定與實現。

〈日日小紀錄〉不是隨手填寫、總有一天會扔進垃圾桶的紙張,而是要有條不紊地整理出整天、整週、十天、整月、整季度到整年的紀錄。透過閱讀每日紀錄,能清晰看見自己的一天如何過去,而閱讀年度紀錄則能看見自己的目標如何一步步實現。

我喜愛抄寫書中的名言佳句。某

天，我突然萌生「要不要利用這個做點什麼」的念頭，於是設定了考硬筆書法檢定的目標。

從那刻起，如果有人瀏覽我的〈日日小紀錄〉，就會看到我每天花三十分鐘練字；在月度紀錄中可以看到我第一個月練習韓文、第二個月練習英文、第三個月練習漢字。

一年後，瀏覽我的年度紀錄時，便能看到我成功實現目標——通過硬筆書法一級檢定與取得硬筆書法師資證書。像這樣查看〈日日小紀錄〉，可以看見自己逐步邁向目標的過程。

〈日日小紀錄〉非常系統化，讓你能夠「一眼」瀏覽你的每一天、每一週、每一個月、上半年、下半年、每一年、五年，甚至一生。

擁有能達成目的的工具

現在讀這本書的你，或許是國中生、高中生、大學生、研究生，也或許是求職者、上班族、主婦或正在規劃美好退休生活的人，而每個人寫〈日日小紀錄〉的目的各不相同，或許是為了更充實地度過一天，或許是為了應對某場考試。

即使沒有明確的目標，每天寫紀錄也會產生目的或目標。就像成功的企業老闆身旁都有一位能幹的秘書一樣。在你為了實現目標而努力的時候，也替自己身邊放上一份稱職的〈日日小紀錄〉吧。

獲得專業性

寫〈日日小紀錄〉能幫助你發展特定領域的專業能力。通常，一個人需要平均七

從神清氣爽的早晨開始一天

保持規律的作息與撰寫〈日日小紀錄〉，能讓你擁有神清氣爽的早晨。許多人一早起床就感到疲憊與無精打采。

我早上起床會先伸展身體，進行短暫的冥想，再邊聆聽音樂，邊整理床鋪。對我來說，早晨提高投入度是開始美好一天的關鍵。因為這種心情會一直延續到晚上。我會瀏覽〈日日小紀錄〉，確認當天的待辦事項，仔細檢視一天，作為美好一天的開

神清氣爽的早晨、神清氣爽的一天，感謝一切一切後，再開始美好喜悅的一天。

與其匆忙地開啟新的一天，不如與〈日日小紀錄〉一起展開井然有序的一天吧！

可以停止思考要做的事

每個人都會在腦海中反覆思索自己該做的事，直到完成之前都會處於緊張狀態。

雖然當我完成一件事後，我會把它從腦海中抹去，但如果沒有完成，我會一直想著「我得處理那件事。」

然而，如果寫〈日日小紀錄〉，就能替待辦事項規劃適當的時間，制定計畫後就可以從腦海中抹去，不用被不必要的擔憂與緊張折磨，只需等預定的時間到來，再依照計畫進行即可。

將〈日日小紀錄〉與檢視清單相結合，能彌補彼此的缺點，綜合各自的優點。檢

能意識到時間的流逝

上課時間感覺索然無味，但和喜歡的人在一起，時間宛如白駒過隙。愛因斯坦主張時間是相對的概念，但我認為**只有那些能意識到時間流逝的人，才能掌握時間的主導權**。每個人都有過這種的經驗：以為只看了手機十分鐘，卻不知不覺中已經過了一小時。這就是失去了時間主導權。

另一方面，想像一下你要上台報告十分鐘，因為你必須在規定的時間內說完準備好的內容，因此你會特別留意時間，意識到每分每秒的流逝。隨著「時間敏感度」的提高，你能感受到時間緩慢地流走。換言之，躺著滑手機的十分鐘和上台報告的十分鐘，時間品質是不同的。

視清單可以看出當天要做的事，但無從得知所需時長。許多人已經在使用的 Yangjisa 手帳就結合了這兩種形式，極其方便。

能找出空檔

如果你能意識到時間，你就能抓住那些零碎的時間片段，找出那些深藏不漏，容易被忽略的空檔，並把它們變成你的。

曾經有段時間，我的口頭禪是「我沒時間」。記得我在大學時，第一次參加了教師實習。我站在教室後面看著孩子們坐在小椅子上，唱著兒歌〈火車快飛〉時，一種微妙的情緒湧上心頭，我陷入了回憶，「明明幾天前我還坐在那裡，現在卻成了實習老師」，光陰似箭，彷彿一眨眼，我就會邁入中年，再眨眼就會變成白髮蒼蒼的老奶奶。

就像這樣，我寫〈日日小紀錄〉時，總是覺察到時間的流逝，久而久之，潛意識裡變得珍惜時間。也就是說，我能夠自然而然地意識到時間的流逝，從而規劃好每一天。

然而，當我找出那些零碎的時間空檔後，時間變得極為緩慢。我用手機滑Instagram和Youtube的時間；走去搭大眾交通工具的時間；吃完晚飯後的七分鐘空檔；下定決心整理好亂七八糟文件的時間；會議結束後重新專注於工作的時間；和朋友有約，提前到達約定地點的五分鐘時間，把這些時間片段收集起來，我感到自己一天彷彿比別人多出了一兩個小時。一天似乎變成了二十六小時，本來零散的時間變成了寶石般珍貴，這種感覺非常特別。

每天做一點的力量

我的高中英文聽力考試，二十題中只答對了四題，其餘全錯。我意識到這樣下去不行，於是向姐姐求助。

姐姐說：「像你這樣一週只學一次，一次學好幾個小時是練不好英文聽力的。先養成每天聽二十分鐘的模擬試題再解題。」從那時起，我每天早上都安排二十分鐘的

英文聽力時間。最終，我的大學入學考試英文聽力拿到了滿分。為了完成一件事，每天做一點比一天大量進行更加有效。如果你有想做的事，試著在〈日日小紀錄〉中，每天安排十五分鐘進行吧。

意識到時間有限

對你來說，時間限制意味著什麼呢？規定好的截止期限使你感到更自在，還是有壓迫感呢？

對我來說，時間期限是有利的。比方說，我替學生設定截止期限會帶來截然不同的結果。當我告訴孩子們說：「開始創作吧」，孩子們會以為時間不受限制，會很悠哉地花上十五分鐘左右構思。但如果我說「我給你們二十五分鐘」，他們就會更有效地安排時間，五分鐘構思、十分鐘素描、十分鐘上色。實際上，替自己想做的事設定時間期限，有助於實現目標。

處理有截止期限的任務有兩種方式：先處理和後處理。選擇先處理，會感到輕鬆，還有時間能修改，提高最終成品的品質。而後處理呢？雖然時間倉促，但能激發超乎想像的專注與能力。

不過，先處理容易產生拖延的想法，而後處理則因時間緊迫可能導致失誤。盡可能地結合兩種方式的優點、減少缺點的方法之一就是，自己設定截止期限。

例如，假設今天是五月一日，新的作業提交期限是五月二十四日，那麼你可以自行設定五月十五日以前完成，因為你將五月十五日視為截止期限，所以專注度會在短短兩週內提升。同時，在實際提交期限之前，你還能有額外時間，可以從容地檢查與修正，提高作業品質。

然而，有時會出現這樣的情況，「五月十五日的截止期限是我自己設定的，我可以推遲，現在先隨便做就好了」。這就是與自己妥協的時刻。

要解決這個問題，就需要〈日日小紀錄〉。如果將截止期限寫在「〈日日小紀錄〉中」，讓自己清楚地看見，對時間限制的意識將比不寫在「〈日日小紀錄〉中」

日日小紀錄，實踐高效人生　30

有規律的生活

使用〈日日小紀錄〉可以讓生活更有規律。換句話說，它能幫助你在需要休息的時候真正地休息。寫〈日日小紀錄〉的目的是讓你能更好地休息，在重要時刻保持專注，意識到自己理想的生活方向，並將人生引導到那個方向。比較一下下述兩種情況：

情況1：沒有寫〈日日小紀錄〉

朋友：就這樣回家很可惜，可是已經有點飽了，這個時間也有點尷尬，怎麼辦？

我：那就簡單喝杯啤酒再回家吧？

（兩小時後）

朋友：邊喝啤酒邊聊天，興致被勾起來了，現在有點餓了，隔壁是我常去的美食餐廳，要不要去吃飯？

我：（內心覺得太晚了，但是……平常很少見面……明天的事，明天再擔心吧）好啊！都出來了，就玩到盡興再散會吧。

（結果在精疲力竭的情況下回家，隔天情況就不用多說了。）

情況2：執行〈日日小紀錄〉

朋友：就這樣回家很可惜，可是已經有點飽了，這個時間也有點尷尬，怎麼辦？

我：（再不回家，明天的專注力就會下滑……）今天先回家吧。要是你二十七日有空，我們那天去你想去的紀念品商店看看？

（隔天早上，在預定的時間起床，過著規律的品質生活。）

讓我們再一次比較兩種情況。

日日小紀錄，實踐高效人生　32

情況1：沒有寫〈日日小紀錄〉

（晚上十一點三十分）

有一定要做的作業，現在做得正順手，做完再睡吧。

（凌晨兩點）

哇，終於做完了。我真棒！

（隔天）

昨天做作業做到很晚，好累……今天休息一下吧。

情況2：執行〈日日小紀錄〉

（晚上十一點三十分）

雖然現在進入了狀況，但如果太貪心，明天可能會精神渙散，所以今天先睡，利用明早的時間完成作業吧。

（隔天）

最趕的作業已經做完了，既然我精神飽滿，現在要在截止期限前，提前完成剩下的作業！

怎麼樣呢？如果你寫〈日日小紀錄〉，就能幫助平衡專注度（這種心態會透過回饋的過程自然形成），過上有規律的生活，提高工作效率，每天都能將自己的生活導向理想方向。

能用最好的狀態全神投入

即使是做相同的事情，成果和滿足度也會不大相同。即使昨天的就寢時間、身體狀態、工作能力，甚至天氣都相同；即使你遇到同一個人，讀了同一本書，你的每一天依然會有所不同。那麼，為什麼滿足度會不同呢？

最終的原因在於，**你的專注度不同**。有時你可能想著「結束這件事後要做什麼？」有時會想著「隨便收尾就走人吧」，有時則會想「有沒有更有效的方法呢？」我們可以通過寫〈日日小紀錄〉，最大限度地提高專注度。

一旦全身心投入，我們的狀態會和平時不同，頭腦變得靈活，行動也更加迅速。在這種最佳狀態下處理事情，會比想像中輕鬆或更快完成，而賺到的空檔可以用於其他任務，爭取到更多的時間。

能一目了然地掌握時間的消費

我們會透過寫家計簿掌握消費習慣。掌握時間習慣和掌握消費習慣一樣重要，寫〈日日小紀錄〉能幫助你了解自己的時間使用習慣。

我曾經因為要做的事堆積如山，無從下手，於是拖延了兩天，到了無法再拖的時候，只能長嘆一口氣，坐到座位上勉強開始工作。然而，事情比想像中簡單，一小時

內就完成了。從那天起，當我遇到類似的任務，我會想著「大概要花一小時左右就可以完成」。

還有一個類似的例子。參加韓國史考試帶給我很大的心理壓力，每次到了暑假報名期間，我都在逃避。三年過去了，心急的我意識到這樣下去不行，臨時抱了六天佛腳就通過了考試。如果我早知道只需要六天，三年前的暑假我早就報名了。

相反地，有時候要花的時間比我預期的長。有一次，我原以為只需要三十分鐘完成的旅行計畫，結果卻花了我一整天。不僅僅是工作，我還記得有一次原本只打算和朋友短暫茶敘卻聊了通宵。重要的是，我把這些生活點滴都寫在〈日日小紀錄〉中，因此我知道自己是如何利用時間的。

當這些數據逐漸「累積」時（因為很重要，容我再強調一次，當這些數據累積時），你就能清楚掌握自己的能力，時間管理也會變得比過去更精準，目標設定也會更加恰當。為此，你需要根據自己擁有的時間，準確評估自己能夠做多少事，想做多少事。如果你只寫「任務完成檢查清單」的話，是無法知道這些的。

自從我明白這一點，我不再害怕新的任務。因為我知道自己是如何利用時間的，也知道在某個時間內的執行力，所以能夠放手去做。

多虧如此，我向同事求助也變得簡單。我會先處理好工作，告訴同事們預計完成時間，比如說：「我大概需要十分鐘」，讓同事們知道什麼時候要接手，更容易安排日程，減輕了壓力。

透過了解你的時間消費模式，最終你能了解「我」是怎樣的人，不是透過感覺，而是透過「數據」，了解自己在何時與何種情況下能有效率地實現目標、在什麼時候會感到疲憊、在什麼時候速度會變慢、在什麼時候需要休息。

我回顧了最近三個月的生活模式，發現我的生活節奏最容易在週日夜晚被打亂，也許是因為度過了愉快的週末後，得面臨隔天要上班的壓力吧。此外，我也發現我的狀態在雨天會變差。

我了解了自己的模式後，我將最喜歡做的事安排在週日晚上，得以更充實地度過假日時光。

37　Part 1 ｜關於〈日日小紀錄〉的一切

完成人生的 Before & After

在知道〈日日小紀錄〉之前,我是這樣的一個人。

- 只要有人說的話中,有一個詞彙或語氣讓我感到不舒服,我就會感到煩躁。
- 我害怕恐怖電影與遊樂設施。
- 對痛苦與傷痛的敏感度更高。
- 經常在人多的地方掉淚。
- 早上起床感到極度疲憊。
- 我觸覺敏銳,無法忍受有人碰到我。
- 吃東西前會先聞一下味道。
- 對左右對稱有強迫症(如果搔了右臂,就一定會搔左臂)。
- 出門前至少換十次衣服。

- 習慣性迴避問題。
- 對無法預測的情況會感到極度焦慮。
- 討厭獨處。

這是我執行〈日日小紀錄〉之後的變化。

- 如果有人打擾我，我會停下手邊的事，友善地回應對方。
- 每日按時吃三餐，並努力保持均衡的飲食。
- 以喜悅、感激、幸福與熱情開始新的一天。
- 對不重要的事能關閉大腦的神經開關。
- 循序漸進地解決問題。
- 就算出現意料之外的問題，我也相信自己。

在不傷害對方心情的情況下，我學會了清楚表達我所希望或我不希望的事；我相信，我所要求的事最終都會帶來好的結果，即便不是，我也相信總會有其他的解決方法。

我已經學會有效地控制好壓力指數。因為我了解自己一天的生理節奏，會在適當的時候休息，避免過勞。休息反而提高了工作效率，讓我獲得更好的結果。

我不再害怕獨處。無論是獨處或和其他人在一起，我都能專注於生產性與成長性的生活。

我已經能主動創造自己的生活，不再受到出生環境、生活環境、遇見的人等種種限制，我走出了過去順其自然的生活方式，現在過著真正屬於我的生活。我也認知到自己的個性有很多需要改變的地方。當受到外界刺激的時候，尤其是意想不到的刺激，優先啟動的是我敏感的情緒系統。我深信，只要我學會如何處理敏感的情緒，就能朝正面的方向改變。

為了走向正確的方向，我決定全面主導生活。首先，我努力整理了超出我控制範

40

圍或意想不到的外部變化。這時，〈日日小紀錄〉成了我的得力助手。

我不再受周圍變化影響，即使是突然發生的新情況，我也會迅速掌握時間主導權。如果我過著一成不變的生活，那麼我的今天將與昨天毫無區別。然而，有了〈日日小紀錄〉，我能夠創造比昨天更好的今天，以及比今天更好的明天。

〈日日小紀錄〉為我提供了巨大的動力，我不再想著「今天內做完就行了」，而是時時刻刻都為了提高投入度而全力以赴。〈日日小紀錄〉徹底改變了我的思維模式，使我從想著「事情都做完了，看 Youtube 吧」，變成想著「我現在應該做什麼呢？」

變化總是出人意表的，但我不再感到憂慮。因為我已經改變了對待生活與自己的方式。

41　Part 1 ｜ 關於〈日日小紀錄〉的一切

〈日日小紀錄〉的基本設定

現在我們來學習如何寫一份〈日日小紀錄〉吧。如前所述，〈日日小紀錄〉包括三個階段：計畫、沉浸與回饋。我們來看看實際書寫〈日日小紀錄〉每個階段的重點吧。

想像準備外出的時候，我個人會先挑上半身，再配下半身，必要時會搭配帽子或飾品，最後選擇適合的鞋。

寫〈日日小紀錄〉也是如此，適合的方法因人而異。例如：我自己喜歡鉅細靡遺的紀錄，所以我的目標是：把所有相關因素詳盡記錄下來。相反地，我有個朋友偏好簡單，而他擅長使用3C產

品，所以他只在手機上記下他認為的重點。

我會介紹多種撰寫〈日日小紀錄〉的方法，希望你檢視你認為哪一種適合、正確或想嘗試的，選擇一種適合你的方法。

初學者可能需要經歷一些試錯，才能找到真正適合自己的方法，就像要嘗試過各種穿搭後才能找到適合自己的時尚，打造專屬魅力與感覺一樣。要想找出最適合自己的方法就要先多方嘗試。不過，試錯的時間不會太久。

什麼時候寫呢？

〈日日小紀錄〉的寫法非常靈活，你可以用一張紙記錄一天、一週或更久。假如你選擇一天一張的方式，你就可以詳細記錄每一天；假如你選擇一週一張的方式，就可以在一張紙上簡潔記錄整週計畫與實際進展、每件事的投入度等，有助於綜觀整週生活。因為各有優缺點，因此你只要根據需要，決定好適合自己的天數，並制定計畫。

43 Part 1 | 關於〈日日小紀錄〉的一切

一張記錄一天的方式

日期：5月1日		
今日目標		
時間	9：00～10：00	10：00～11：00
待辦事項		
完成的事		
投入度		
自己想加入的要素（回饋、運動、飲食記錄）		

一張記錄一週的方式

5月/第1週	星期一	星期二
時間	9：00～10：00	10：00～11：00
待辦事項		
完成的事		
投入度		

> 請決定你要在一張紙上記錄幾天的〈日日小紀錄〉？
> ☐ 一天
> ☐ 一週以上

接下來，你需要考慮寫〈日日小紀錄〉的時間安排。根據你的日常流程，你可以在方便時寫或只在特定時間寫。

如果你選擇在白天寫，那麼你需要經常拿出來記錄，幸好這不會花太多時間；如果你選擇在下班後寫，因為必須回想一天的生活，需要花一些時間，但有助你回顧一天。

以我為例，我以前每小時寫一次，現在每天寫三次：早上（制定計畫）、下班前（檢視工作進度）、睡前（回顧一天）。你可以邊寫邊尋找最適合你的時間，採取最佳的方式，養成習慣就行了。

用什麼記錄？

請決定寫〈日日小紀錄〉的時間
☐ 每小時
☐ 每個任務結束後
☐ 就寢前

我高中寫〈日日小紀錄〉時，會在筆記本上畫線，標示出每件事的投入度。晚上，我會在上完晚自習後拍下筆記本的內容，分享給正在讀書的朋友，替他打氣。如今時光飛逝，正處於第四次工業革命時代的我，現在正使用著 iPad 和 Excel 等各種軟硬體。

〈日日小紀錄〉有多種形式，可以是傳統式或數位式，可以簡單或複雜。像我當

日日小紀錄，實踐高效人生　46

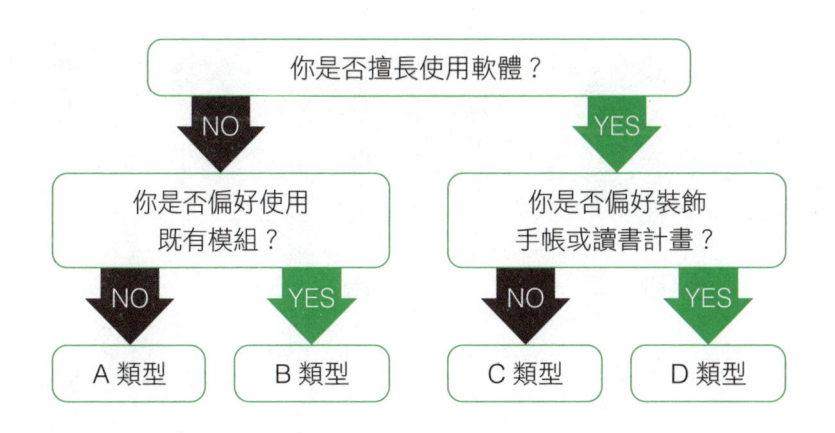

年一樣，隨手在筆記本上畫線，你一樣能寫出很棒的〈日日小紀錄〉，現今，網路上提供許多〈日日小紀錄〉的模組，你可以從中挑選滿意的，下載使用，或是利用 Excel 或 Hancom 等工具，自行設計。最重要的是理解你寫紀錄的目的與實踐便利性，選擇最適合你的模組、留白、項目等。

```
        你是否擅長使用軟體？
         NO          YES
          ↓            ↓
  你是否偏好使用      你是否偏好裝飾
   既有模組？       手帳或讀書計畫？
   NO     YES       NO     YES
   ↓       ↓        ↓       ↓
  A 類型  B 類型   C 類型  D 類型
```

Part 1 ｜關於〈日日小紀錄〉的一切

A類型：我建議你使用筆記本或手帳本。活用筆記本就能不受時間和地點的限制，只要有一張紙和一支筆就能隨時進行記錄。我一開始也用了只要有紙筆就能進行的傳統方式。你可以使用 A4 紙、方便攜帶的小筆記本、在工作日誌的另一邊寫小字就能完成的〈日日小紀錄〉。

B類型：我建議你自己挑選模組。因為使用筆記本可能需要不斷畫線，你也許會感到麻煩。在網路上就可以找到許多免費模組。在查看眾多模組後，你可以列印或儲存一份你最滿意的，使用它就行了。此外，你還可以只保留你喜歡的部份，按自己的風格重新改造。要是你能把這些紀錄整理成像一本書一樣的形式，你就會對它更有感情。

C類型：我建議你製作 Excel 試算表。Excel 可以利用條件式格式自動統計，並重複使用樣式，非常方便。這是我目前使用的方式。通過多種函數和試算表，能輕鬆製作出易於閱讀的〈日日小紀錄〉。

D類型：我推薦你利用 Goodnotes 等筆記應用程式。我推薦「端正生活——每日報

告」（바른 생활-데일리리포트）[3]、DailyBean 等應用程式，能確認每個任務的投入度。如果你只想單簡檢視已完成任務，我推薦你嘗試 ATracker、Myroutine、K書時間（열공시간）[4]。

譯註3&4——「端正生活」與「K書時間」的 APP 沒有英文版，故備註韓文名稱。其他 APP 有英文版就不另行備註。

```
數位
 ↑
 │                  與 Google 同步    與 Apple 同步
 │                                        Excel
 │              Goodnotes
 │                           基本模組
 │                 手帳本
 │         筆記本
傳統
 └─────────────────────────────────→
  單純                              複雜
```

49　Part 1 ｜ 關於〈日日小紀錄〉的一切

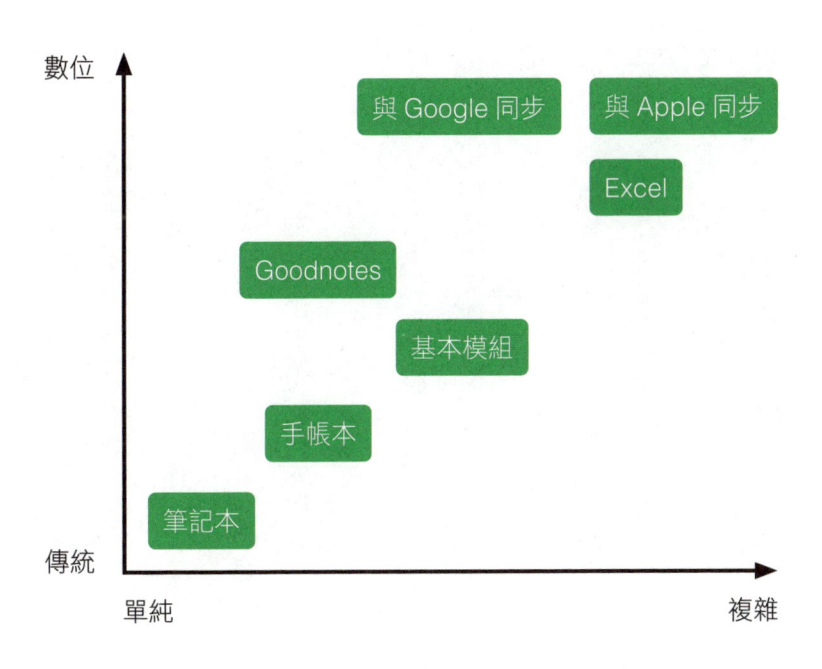

使用紙筆隨時記錄，是我們最熟悉且最容易的傳統方式。它簡單明瞭，一目了然，並且手寫的力量遠比我們想像中強大。然而，傳統方式有其限制，例如，你必須隨身攜帶、版面有限，無法寫入太多資訊。最令人遺憾的是，它難以進行統計。

相反地，數位記錄不需要花太多的時間，且可以輕鬆複製、貼上重複出現的部分。此外，3C設備的同步性，讓你能在平板電腦上立刻查看手機上寫好的紀錄。如能妥善利用這一點，數位方式可稱得上十全十美。

此外，Excel應用程式只需要輸入基本資訊，就能不費力氣地彙整日常工作、輸出統計數據，並用直觀的方式呈現。如果將寫好的紀錄存在文件夾裡，還能隨時編輯、搜尋與共享。

不過，數位方式也存在一個缺點，那就是如果你不熟悉或不擅長使用數位設備，就會很難記錄。此外，通常需要打開設備或開電腦才能存取記錄，便利性不及紙本。

據說，養成一個習慣需要六十六天。換言之，只要連續六十六天重複某個行為，這個行為就能成為你的專屬習慣。就像第一次打字的小學生會用一指神功慢慢敲鍵

盤,但隨著時間過去,他們不用多想鍵盤位置,也能直覺地找到鍵盤上的位置。同樣地,我們一開始可能需要思考正確握鉛筆的姿勢,到後來,不假思索就能直接拿起鉛筆。半途而廢是最簡單的,但如果你正在閱讀這本書,就不要放棄,試著堅持六十六天,你將快速擁有所有成功人士都具備的時間管理技能。

請決定寫〈日日小紀錄〉的方式
☐ 筆記本／手帳
☐ 基本模組
☐ Excel
☐ 筆記應用程式

計畫

用 15 分鐘創造 26 小時

計畫的必要性

美國前總統林肯曾說過：「如果給我六小時砍樹，我會花一半時間磨斧頭。」只要投資十五分鐘整理一天的計畫，就有可能讓你感覺像擁有了二十六小時一樣。

缺乏計畫的一天是為忙而忙；和計畫一起開始的一天則是有條不紊，從容不迫；而用〈日日小紀錄〉的方式計劃，會特別清醒，專注於當下要做的事情。

〈日日小紀錄〉的關鍵在於「按時

間段」制定計劃。以我為例，我不寫〈日日小紀錄〉的時候，我習慣拖延一些雜務，比如申請信用卡。因為我總是認為只要在當天完成就好了。然而，申請信用卡會存在於我腦海中的待辦清單中，不停地困擾我，直到我完成它。不斷地想著該做的事使我的精神相當疲憊。

你不需要做這種無謂的腦力勞動，取而代之的是，你可以將「申請信用卡」寫在〈日日小紀錄〉的中午十二點到下午一點之間，利用吃完午飯還不到一點的空檔，上網申請。就不用記掛著辦卡的事。

如果信用卡公司沒接電話，或事情不按計畫進行，你也沒必要氣餒。你已經完成計畫，把原定計畫處標記為「已完成」，再把同樣的任務安排在下午四點到五點的時間段。然後，在四點之前，你可以徹底忘記這件事。

丟分類回收垃圾

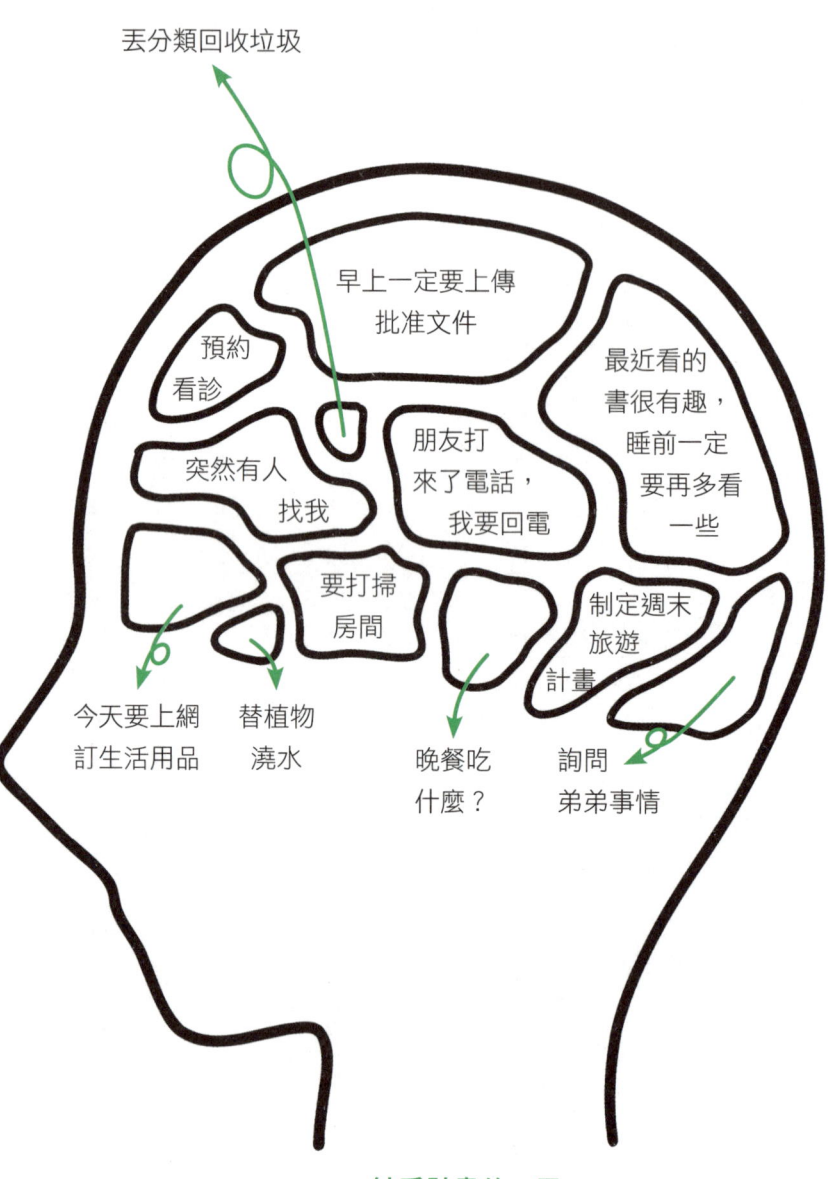

早上一定要上傳批准文件

預約看診

最近看的書很有趣，睡前一定要再多看一些

突然有人找我

朋友打來了電話，我要回電

要打掃房間

制定週末旅遊計畫

今天要上網訂生活用品

替植物澆水

晚餐吃什麼？

詢問弟弟事情

缺乏計畫的一天

日日小紀錄，實踐高效人生

☐ 打電話
☐ 想晚餐菜色

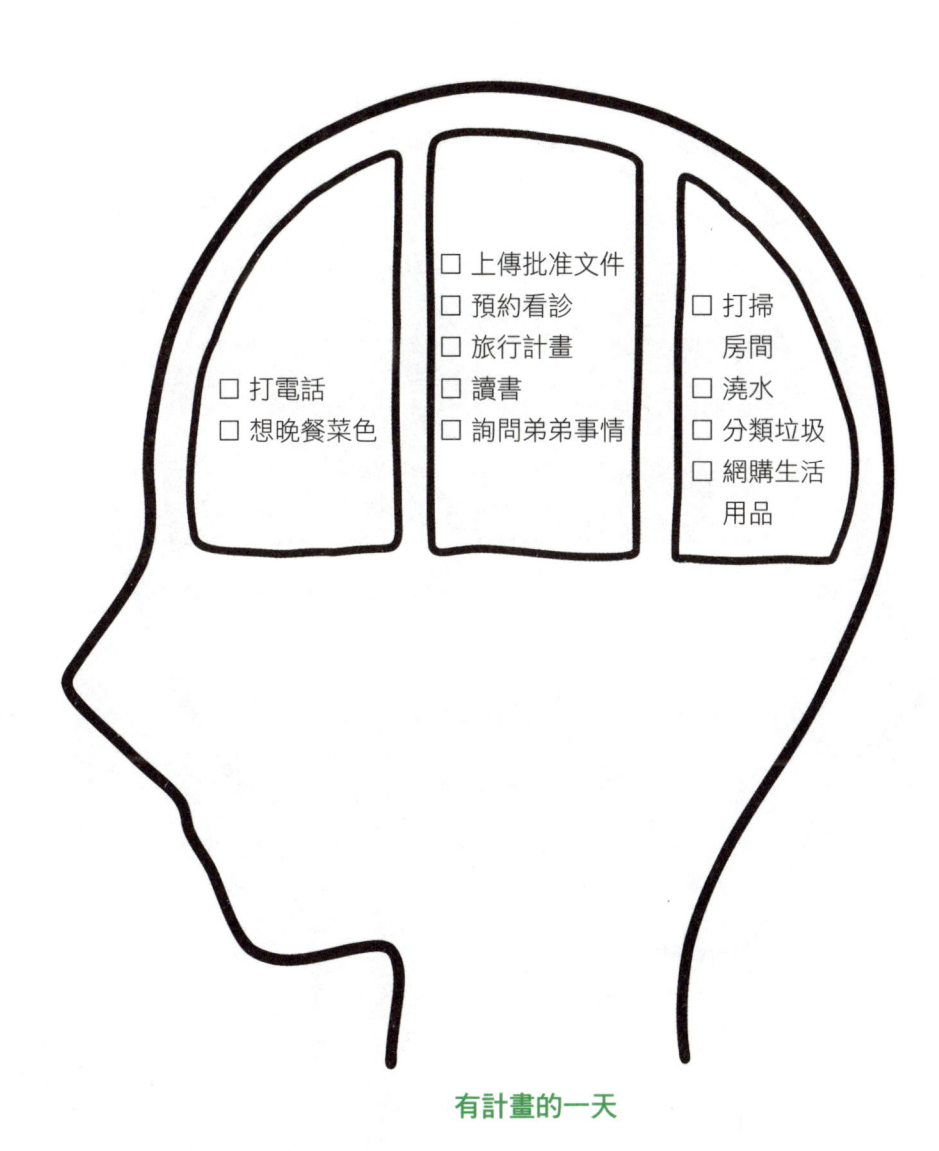

☐ 上傳批准文件
☐ 預約看診
☐ 旅行計畫
☐ 讀書
☐ 詢問弟弟事情

☐ 打掃房間
☐ 澆水
☐ 分類垃圾
☐ 網購生活用品

有計畫的一天

（邊移動邊想晚餐）

9：00～10：00　上傳批准文件

10：00～11：00　檢查日程（預約看診、旅行計畫）

11：00～12：00　朋友電話、詢問弟弟事情、解決

19：00～21：00　打掃

（分類垃圾、澆水、整理、網購生活用品）

有〈日日小紀錄〉的一天

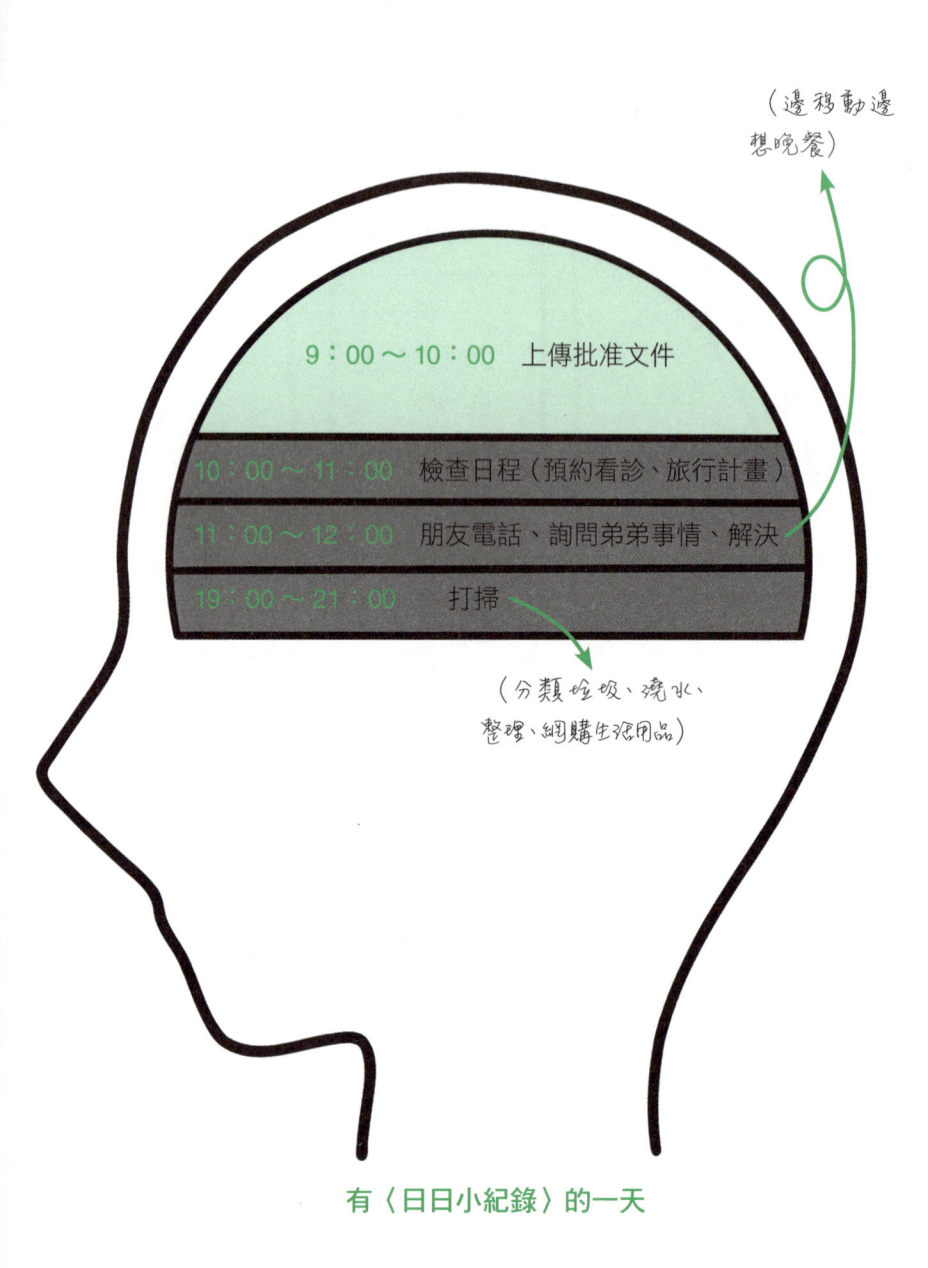

在計畫中，要寫什麼好？

在〈日日小紀錄〉中寫下與夢想相關的計畫，能發揮莫大力量。例如，如果你的目標是「考研」，你就將它寫在〈日日小紀錄〉的最上方，這樣每次看到都能提醒自己。此外，每天制定計畫時，你應將實現夢想的具體步驟融入每日行程，如：填入「6點～7點，搜尋研究所招生簡章」之類的內容。

另外，我們必須要制定一個有效的策略。每個人的大腦容量都是有限的，因此，我在考試結束後，會花十五分鐘清除已經存在大腦內中的相關內容，以便為下一次考試空出空間。

大多數人都傾向一次解決問題。比方說，在制定備考計畫時，會決定「今天讀社會、明天讀科學、後天讀英文」。然而，這種學習方法一定會考砸。分散待辦事項是成功的關鍵，即使每天看一點、看一頁也沒關係。我從期中考結束那天起，我就會開始為下次考試作準備。在空蕩蕩的圖書館裡準備下次考試的心情

相當微妙。課前預習,課堂上聽課,下課時間再複習,回家後又複習。如此進行五次的深入學習,產生了巨大的效果。

我上大學時發生過一件事。當我進入考場,看見考題的瞬間,我似乎回到了當時學習該題時的課堂,看見了教授比手畫腳生動地解釋,以及我用螢光筆劃下的重點,這使我原原本本地將答案寫在了考卷上。這是我培養每日讀書習慣的加乘效應。這種方法不僅適用於讀書,還適用於鋼琴練習、電腦打字練習等。請在〈日日小紀錄〉中,將你要完成的事分解成每日小任務並寫下吧!

此外,制定計畫時,任務量要略少於能實踐的量。為什麼要這麼做?試著想像一下,你沉迷於拼拼圖,只要再花一點時間,立刻能拼完了。問題是,你怎麼找都找不到最後一塊拼圖片,這時候,你會怎麼做?你會不會為了拼上那最後一塊,仔細翻找周圍呢?

人天性喜歡完成未完成的事。如果只差最後一塊拼圖沒拼完,就會想拼完。相反地,如果一切都很完美,我們會覺得安穩,失去做事的動力。因此,在你今天的待辦

就算不是晨型人也沒關係

　　設定起床與就寢時間相當重要。每天早上八點起床的人卻寫下六點開始的〈日日小紀錄〉，會有什麼改變嗎？勉強填滿兩個小時的待辦事項既無意義也無趣。如果你習慣每天早上八點起床，那就果斷地將八點之前的時段從計畫中刪去吧。重要的是，要充分利用自己清醒的時間，果敢地捨棄起不了床的時間。

　　假設今天你打算讀韓國史。今天預定讀第一單元，明天則讀第二單元。然而，遲遲無法從第二單元的第一頁進入下一頁，或是花了很多時間摸魚，壓根沒翻開書。然而，假如你留下第一單元的最後部分，直接上床睡覺，隔天你就會快速翻開書，想快點讀完最後部分，自然而然地進入第二單元。你必須要讓自己嚐到完成目標的樂趣。

事項裡留下一塊空缺，如此一來，隔天你會想快點填滿那空缺，更快地專注於你要做的事或任務中。

如果你希望早起,那就應該早點上床睡覺。假設你經常熬夜到凌晨兩點才入睡,那麼就把凌晨五點起床的決心扔到垃圾桶裡吧。減少躺在床上滑手機的時間,越早睡覺就能越早起床。遵守固定的睡眠時間表吧。

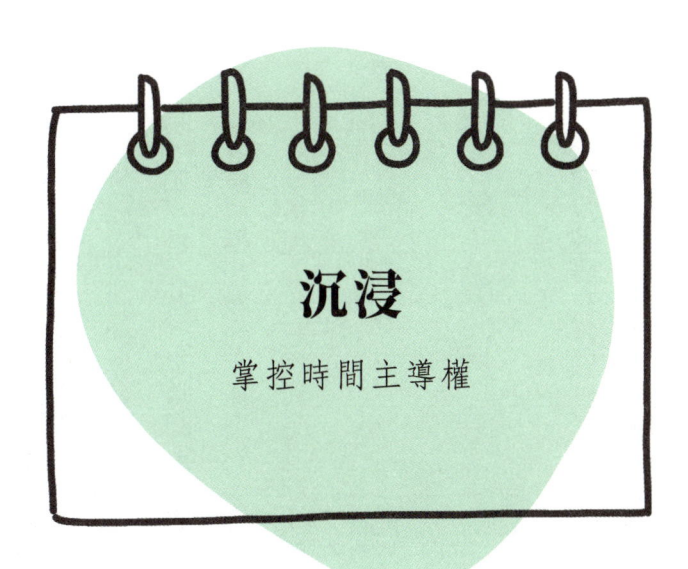

沉浸

掌控時間主導權

這是〈日日小紀錄〉中最重要的階段之一。通常人們在制定計畫後，會檢查是否完成了預定的任務。然而，〈日日小紀錄〉不僅僅是一個單純的待辦清單（to do list），**你一定要詳細記錄每個時間段內執行的任務（做了什麼事）及投入度（沉浸）**。

我們有時會按照原計畫進行，但有時會因意外情況、或前一個任務花費太多時間，或其他因素而導致計畫無法如期執行。不過，沒按計畫執行也無妨，你可以將未完成的任務移到下一個時間段或其他小記錄中。重要的是，記錄下

專注於什麼任務

我說過要在〈日日小紀錄〉中記錄特定時間段實際執行的任務與投入度。首先，我們看一下如何記錄「執行的任務」。

為了查看每個任務的投入度，記錄方式有二個：一是根據「時間」記錄執行過的每個時間段裡，你實際執行的任務與投入程度。

記錄執行任務的真正原因與意義與第三步驟「回饋」，密切相關。

將你完成的任務記在〈日日小紀錄〉中，有助於在回饋階段時獲得更多細節資訊，如：是否在既定時間裡完成了任務、比預定時間多花了多少時間；一天中進行了多少與目標相關的小任務。

以這種方式記錄你完成的任務與投入度，將在第三階段發揮重要作用，請務必寫下來。

任務；一是根據「任務」記錄執行時間。換言之，你只需決定先記錄時間，還是先記錄做過的事。

你只需在左欄寫下待辦事項，右欄則寫下實際執行的任務。這是一提到〈日日小紀錄〉時，人們最容易想起的形式，如此一來就能一眼看出計畫是否如期執行（即使不如預期也沒關係，重新寫到其他格就行了！）因為很簡單，所以我推薦第一次接觸〈日日小紀錄〉的新手這麼寫。

我已經使用這種方式好幾年，現在只是稍微調整，繼續使用著。我之所以

以小時為單位的記錄方式

時間	待辦事項	實際執行的任務
8：00～9：00		
9：00～10：00		
10：00～11：00		
11：00～12：00		

調整,是因為我所做的任務並不是按小時區分的。我當然可以寫出該任務主要占據的時間段,然而,我常常發生吃了二十分鐘的午餐或騎車騎了四十分鐘的事,很多時候很難記錄。越難記錄就越難製作統計數據,也很難查看「投入度」變化事情。因此,我現在改用十分鐘為單位。

我每天記錄三次,以十分鐘為單位記錄我做的事。然而,如果你想像我這麼做卻不徹底實行,你可能會忘記中間的十分鐘做了什麼。要使用這種方式,就必須要訓練自己意識到每小時在執行

以十分鐘為單位的記錄方式

待辦事項	實際執行的任務					
	10	20	30	40	50	60
8						
9						
10						

什麼任務,因此我建議新手按現有的方式進行,等到熟悉之後或必要時,再採用十分鐘為單位的記錄方式。

這種記錄方式建議用於特殊情況,例如:包含考試或考證照等,能明確分門別類的情況。它能讓我們一目了然地知道花在每個任務上的實際時間,有助於調整隔天的計畫。還能幫助我們確定是否有效地利用時間來完成待辦事項,養成每次完成任務時都進行記錄的習慣。另外,它的優勢是能分析每個任務(例如:讀國文)的投入度與每種項目的平均投入度。

以日為單位的記錄方式

	週一			週二		
	待辦事項	時間	實際執行時間	待辦事項	時間	實際執行時間
國文	1單位	3:00〜4:00	3:10〜4:00	2單位	3:00〜4:30	3:00〜4:20
數學						
社會						

請決定記錄投入度的標準
☐ 時間（☐ 十分鐘　☐ 一小時）
☐ 實際執行的任務

沉浸狀態的高低

我們已經在〈日日小紀錄〉上寫下待辦事項與實際執行的任務。接下來是我在這本書中最想強調的部分。無論你實際做的事是否與原計畫相符，讓我們來了解一下你有多沉浸其中吧。什麼是沉浸？我希望你能跟隨我的經驗，理解沉浸的定義。

我十六歲時曾用厚紙做過一個迷你模型屋。當時，我在文具店購買了小木頭和冰棒棍，耐心地用鋸子把它們磨成迷你梳妝台和床鋪。我按照自己事先畫好的設計圖，使用砂紙精心打磨切割好的木板，製作出了能打開與關上的梳妝台抽屜。

我原以為這番作業約莫花了我三個小時，然而，當我回神一看，已經過了九小時。我徹底沉浸其中。我回想起連一小時的課都坐不住，上課時頻頻偷看掛在教室後方時鐘的自己，不禁大吃一驚。十六歲，我第一次真正體驗到「沉浸」的感覺。

後來，我升上了高中，經常和父親發生衝突。父親總是說：「不要在家讀書，在學校讀完再回家，不然就早點去學校讀。」

有一天，我結束了晚自習，回家告訴父親我還有書要讀，希望再多讀一下。然而，父親卻認為大半夜讀的書讀不進腦袋，睡覺才是最好的，立刻關了燈。

別人家的父母嘮叨孩子要用功讀書，我家卻是我想讀，父母阻止我讀。我感到十分沮喪，然而，我最終還是戰勝不了父親頑固的教育哲學，只能利用在校時間讀書。

由於能利用的時間有限，所以我想盡量吸收在學校課堂學到的東西，甚至無法提前預習補習班的內容。我和其他同學不一樣，我決定每天要讀五次學校的進度。早自習預習、課堂時間專心聽課、下課時間複習。如果遇到不懂的地方，我會在午餐時間詢問老師。晚餐時間用來複習當天課堂教

67　Part 1　關於〈日日小紀錄〉的一切

過的內容，而晚自習則是進行最後一次的複習。

然而，我感到有些奇怪。儘管每個科目我都讀了五次，卻不是每個科目都有自信。因為某門沒把握的科目，我的名次始終上不下下。這是怎麼回事？哪裡出了問題？那時候，我想起了我製作模型的經驗。沉浸！

儘管學習次數相同，但我認真的程度與投入度卻因科目的不同而有所差異。我將全副熱情燃燒在我喜愛的國文，甚至自己讀完以後還會教其他同學。然而，對我討厭的英文，我只是簡單地掃過內容就當讀完了。

相反地，功課好的同學則集中精力在不懂的問題或出錯的問題。當我升上大學後，我開始有意識地專注於我不擅長的科目。我會反覆學習不懂的內容，手腦並用地記錄教授每一句話。

有一天，我正在圖書館自習，突然間發現離宿舍門禁時間只剩下十分鐘。我匆忙收拾東西，衝了出去。我看見眼前的大樹被風吹得搖晃，我閉上眼睛，聆聽風穿過樹葉的聲音，感受一天的最後時刻。那一刻，我感到無比喜悅。因為我再次體會到了

日日小紀錄，實踐高效人生　　68

十六歲時第一次感受到的沉浸感。

就算是微不足道的小事也不要緊。你曾經有過沉浸體驗嗎？你曾經全神貫注做某件事嗎？無論是有意或無意的，我們每個人都曾體驗過沉浸感，例如：停車或玩手機遊戲而聽不到其他人說話時；玩傳統擲栖遊戲時，沒有任何想法地擲出時；和戀人吵得臉紅脖子粗時；正在讀這本書時。雖然專注的事有所差異，但這些全都是沉浸。

沉浸時時刻刻滲透於我們的日常生活中，但我們往往未能察覺它。不過，既然你現在已經了解什麼是沉浸，你就能更有意識地度過高度沉浸的一天。現在，你可以把這種沉浸時刻應用在〈日日小紀錄〉中。

69　Part 1　關於〈日日小紀錄〉的一切

請檢查以下符合自己的句子：

能夠沉浸其中的情況

- ☐ 將所有能量投入卻反而精神抖擻。
- ☐ 只想著現在面對的問題。
- ☐ 一次只做一件事。
- ☐ 徹底休息以恢復身心。
- ☐ 和人見面，徹底專注於對話。
- ☐ 完全實現了計畫。

不能沉浸其中的情況

- ☐ 散漫或發呆。
- ☐ 胡思亂想或滑手機。
- ☐ 同時做兩件事。
- ☐ 假休息之名，行偷懶之實。
- ☐ 和人見面時卻老被手機分神，摸手機。
- ☐ 未能實現計畫。

將投入度寫入〈日日小紀錄〉

投入度的記錄應根據你沉浸程度分成不同的階段。我個人建議新手分成兩個階段，熟悉後可以換成三個階段，而像我一樣長年累月，堅持不懈寫〈日日小紀錄〉的老手，則可以分成五個階段。

讓我們先來看兩階段的記錄方式。

分兩階段的記錄方式

根據沉浸與未沉浸兩種情況進行填寫。如果投入度很高，就按自己的方式寫「上」、或「↑」，或以螢光筆上色；如果投入度低，則寫「下」、或「↓」，或不上色。

沉浸	未沉浸
上	下
↑	↓
▬	
○	X

71　Part 1 ｜ 關於〈日日小紀錄〉的一切

分三階段的記錄方式

三階段可以視為二階段的進化版。如果我們僅分成兩個階段,也許會出現模擬兩可的情況。例如,假使你以一小時為單位評估投入度,你可能會發生有三十分鐘是「沉浸」,剩下的三十分鐘則是「未沉浸」。有時候,你也會遇到處於沉浸狀態,卻不是徹底沉浸的情況。

過去我為了考取硬筆書法師資證書,每天練字三小時。由於只需要手動就好了,我通常會一邊和朋友通話,一邊練字。但不知為何,我的嘴和手無法同時協調動作,一下子動嘴,一下子動手,每次切換都要花上0.1秒。從那時起,我把這種類似的模糊情況列為過渡階段。

沉浸	過渡階段	未沉浸
3分	2分	1分
上	中	下
A	B	C

分五階段的紀錄方式

一旦熟悉了區分投入度，就能分成五階段。

二十四小時的投入度不可能達到百分百，因此，你應該將精力集中在一天中最重要的事情上。

有一天，我決定去咖啡廳工作。隔天一早起床，沖了澡，換上了舒適的衣服，背上背包，心情愉快且平靜。然而，我卻花了三十分鐘思考要去哪一家咖啡廳。這破壞了我的投入度。最終當我坐到座位上，已經沒有多餘的精力工作。人的精力是有限的，偏偏那天要處理的事像山一樣高，導致我精疲力竭，一回家就昏昏入睡。要是你不刻意去意識到這一點，你的精力將被周圍各種情況分散，最終導致你把精力花在不必要的事上。

你必須自己決定在哪些事情上投入精力。

自己選擇，並專注於自己想做的事的人生。光是聽到這句話，你是否已經心動不已了呢？現在，試著沉浸其中吧。每當你做某件事時，試著自問：「我現在沉浸其

73　Part 1 ｜ 關於〈日日小紀錄〉的一切

標示方式	是否徹底沉浸？				
	完全不沉浸	不沉浸	普通	沉浸	徹底沉浸
塗格①	I	II	III	IIII	IIIII
數字確認②	1 ✓	2	3	4	5
數字③	1	2	3	4	5

⬇

時間	待辦事項	實際執行的任務	投入度
8：00～9：00①			
9：00～10：00②			✓ 2 3 4 5
10：00～11：00③			2
11：00～12：00③			4
12：00～1：00③			1

中?」現在正在閱讀這本書的你是否沉浸了呢?你讀到這裡的時候有看手機嗎?即使看了,你也大可承認沒關係。重要的是,從今天開始,請明智地使用你的雙眼,以及懷抱清晰的目標,提高投入度吧。讓自己在結束一天時,能心滿意足地入睡。

> 請決定使用多少階段記錄投入度。
> ☐ 兩階段
> ☐ 三階段
> ☐ 五階段

回饋

尋找我的隱藏時間

到目前為止，我們已經制定了一整天的計畫，沉浸執行我們的計畫，並且詳細記錄了投入度。如果我們僅止於此，進入第二天，那我們寫的就只是單純的「紀錄」，類似於寫了一份很優秀的待辦事項清單。然而，回饋就像外出前穿鞋一樣，象徵著〈日日小紀錄〉的圓滿完成。讓我們試著書寫回饋，賦予〈日日小紀錄〉更深的意義吧。

進行回饋有以下這些優點。

第一、回饋可以讓你知道自己在什麼時間能發揮高投入度。通常，人們在完全醒來的前兩小時內能發揮出最佳投

入度。但不幸的是，大多數把這個黃金時間拿去做不重要的事。我建議你應該在醒來後的兩小時內安排當日最重要的事。

第二、回饋可以協助我們發現並排除那些妨礙我們全神貫注的因素，這能讓我們更有效地實現目標。舉例來說，假設你計劃在週三晚上八點到九點背五十個英文單字，但因為朋友突然來電，導致只背了五個。從現在開始，你可以制定一個規則，像是背英文單字的時候不接電話，或是將背單字時間調整至週日晚上九點，那個時間電話響的機率比平日低。

回饋可分為四個階段。我們經過這個過程重新檢視〈日日小紀錄〉的所有行程，從中找出自己做得好的地方與那些令我們不滿意的地方，並調整次日計劃。透過微小的調整逐漸改善我們基本計劃模式。就像你遵循了〈日日小紀錄〉的寫法一樣，我希望你也能遵循回饋的書寫步驟。

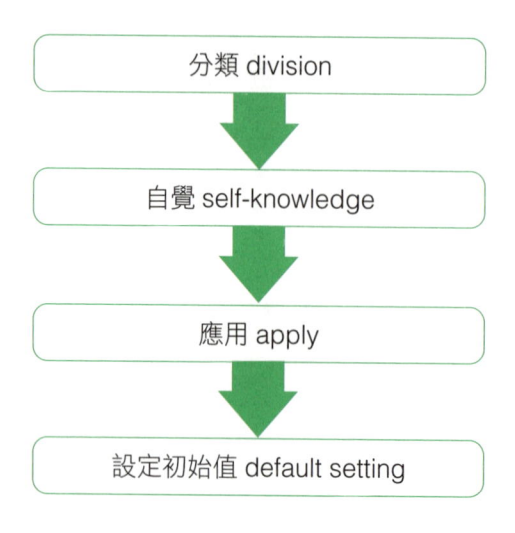

```
分類 division
   ↓
自覺 self-knowledge
   ↓
應用 apply
   ↓
設定初始值 default setting
```

回饋的第一階段：分類

回饋的第一階段：「分類」。此階段的目的是確定我們將對〈日日小紀錄〉的哪些部分進行回饋。換句話說，我們需要選擇是全面評估當日計畫的完成度，還是專注於檢視當日實際執行的各項任務。

回饋的重點在於，不論你選擇了針對「實際執行過的任務」或「投入度」進行分析，你都應該要採用直觀且易於理解的視覺化方法，在後面，我會介紹幾種分類法，你要找出最適合自己的，並付諸實踐。這一階段的過程是下一階段「自覺」的基礎。

日日小紀錄，實踐高效人生　　78

要如何有效地分類日常任務呢？

在區分日常任務時，首先要確定一天中最主要的活動類型。以我個人為例，在沒有特殊狀況時，我的一天大致由五種活動組成。

1. 例行事項：包括每日早晚固定的活動、用餐與通勤等。這三種活動通常都有固定的時間，因此我將它們分為一類。
2. 工作：我的上班時間是早上八點三十分，下班時間是下午四點三十分到六點。我將這些時間再細分為上課與工作時間。
3. 社交：通常聚會集中安排在週末。
4. 自我提升：平日下班後，我會安排一些個人興趣、運動或閱讀等活動。
5. 睡眠：為了檢視我的睡眠時間與起床時間，特別增加這一類別。

把一天做的事情分類後，我們可以用以下三種方法進行視覺化。

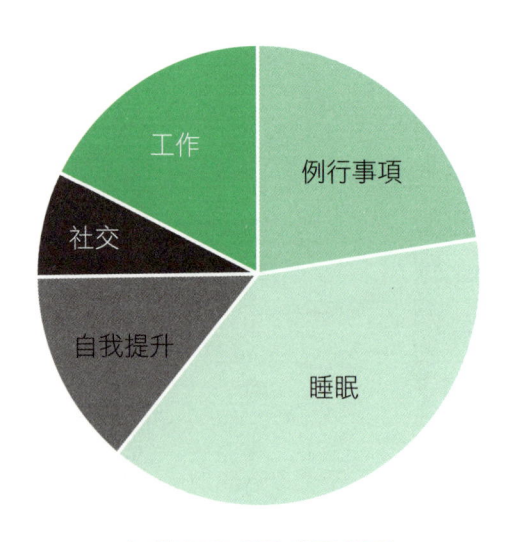

由上圖可以清楚看到，除了睡眠之外，我大部分的時間都投入在例行事項與工作上。此外，相較於社交活動，我投入在自我提升的時間更多。

把執行事項畫成圓餅圖

將待辦事項用字母分類

時間	待辦事項	實際執行的任務	投入度	分類
8:00～9:00				R
9:00～10:00				W
10:00～11:00				W
11:00～12:00				W
12:00～1:00				B
1:00～2:00				S
2:00～3:00				W

取每個類別的第一個字母，將其寫在表格最右欄。從早上八點到九點是例行事項（Routine）；從早上九點到中午十二點是工作（Work）。

把待辦事項用顏色分類

	待辦事項	待辦事項				
		10	20	30	40	50	60
8							
9							
10							
11							

（■ 例行事項　■ 社交　■ 工作）

舉例來說，從這張時間表中，我能明確地知道早上八點到八點四十分，我專注於處理日常例行事項；從早上八點五十分到九點五十分是我與同事進行社交互動的時間；剩下的時間裡，我則一直忙於工作，直到中午十二點。

如何將投入度分類？

我們也可以根據投入度（做得多、做得少）進行分類。如果你已經是寫紀錄高手，你也可以按時間多寡區分。

日日小紀錄，實踐高效人生　82

將投入度分成三階段：上／中／下

投入度	時間
上	14 小時
中	5 小時
下	5 小時

將投入度分成三階段或五階段，分類為一到五分。

投入度	個數
1 分	
2 分	
3 分	
4 分	
5 分	

在一天的二十四小時中，有十四個小時是處於高度投入的狀態；還有五個小時處於中等投入的狀態；而在剩下的五小時中，則無法投入。

評估有多少任務屬於最低投入度，即評分為「一分」；又有哪些任務屬於最高投入度，即「五分」。另外，計算出總分也是一個有效的策略。

將投入度分成三階段或五階段，
畫出圓餅圖。

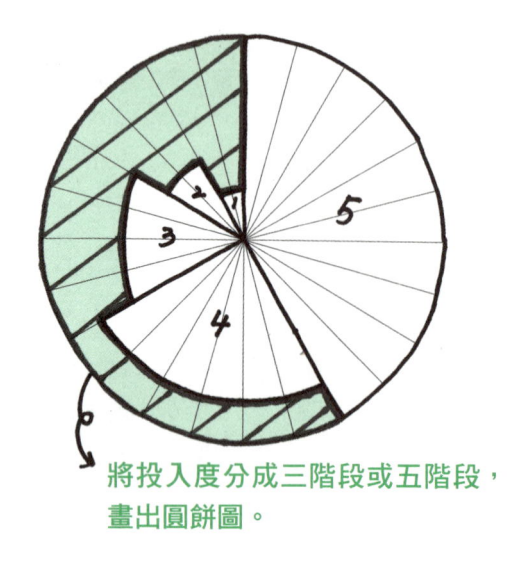

能確保的投入度

雖然這張圖在外觀上看起來像個時鐘，但它其實是另一種時間視覺化圖表，展現了我一天二十四小時中各種活動投入度的結果。

在今天的評估中，我將投入度分成五個階段。這張圓餅圖清楚地顯示出我在二十四小時中，有十小時（5）處於完全沈浸的狀態；有六小時的時間，我的沉浸度約達到八成（4）；有四小時是平凡無奇的日常生活，我既不專注也不分心（3）：最後剩下的四小時是我

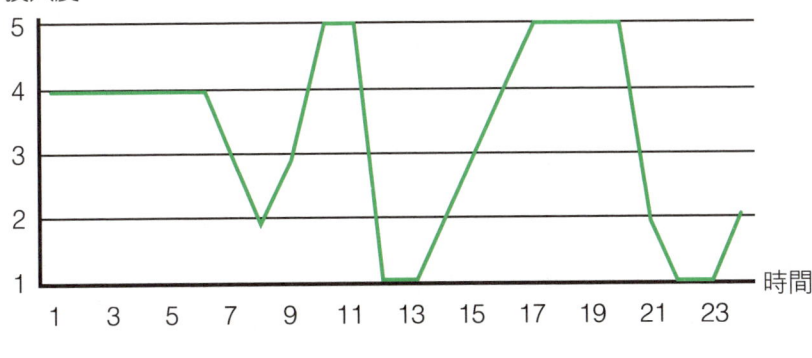

```
投入度
5 ┤   ╱╲      ╱╲        ╱──╲
4 ┼───   ╲  ╱    ╲
3 ┤          ╲╱
2 ┤
1 ┤              ──            ──
  └┬─┬─┬─┬─┬─┬─┬─┬─┬─┬─┬─┬─ 時間
   1  3  5  7  9  11 13 15 17 19 21 23
```

將投入度分成五階段，並畫圖。

完全無法沉浸（2、1）。這種分類方法使我能夠有效地掌握自己能全心投入的時間長度。

為了更好地了解你一天中每小時的投入度，你要繪出圖表（如果你使用 Excel，可以利用自動產生圖表功能，非常方便又簡單）通過圖表，你能迅速知道自己什麼時間段投入度高，什麼時間段投入度低。我個人從前一天晚上到隔天早上七點屬於睡眠時間，十一點以後，我會完全沉浸於手頭的任務中，隨著時間接近中午十二點，我的專注力會逐漸分散，不過午餐後，我的投入度會逐步回升。到了晚上八點，我通常已經完成了當天的所有目標。

Part 1 ｜關於〈日日小紀錄〉的一切

試著將一天分類

- _____
- _____
- _____
- _____
- _____

回饋的第二階段：自覺

在這一階段，你要仔細分析和觀察分類後的資料。這有助於你了解自己的投入度模式、需要改善的地方與迄今為止做得出色的地方。我建議仔細觀察以

查看回饋的標準與方法
- 實際完成的任務
  ☐ 圓餅圖　☐ 字母　☐ 顏色
- 投入度
  ☐ 上／中／下　☐ 分數　☐ 圓餅圖
  ☐ 圖表

下幾個部分。

目標

- 完成了多少與目標相關的任務？
- 這些目標的實際可達成度如何？

實際執行的任務

- 是否按照預定計畫度過了今天？
- 有沒有浪費時間？
- 在哪些事情上投入了大量時間？
- 下一週打算如何度過？

投入度

- 沉浸在哪一個部分,投入度的高低程度如何?
- 投入度在什麼時候有所提升/下降?
- 影響你成功與失敗的主要因素是什麼?

成功的因素眾多,諸如周圍人的協助、目標的細分化、建立日常例行事項、練習、常去的地方與常見的人、在某些領域的金錢投資、從他人或事物中獲得的啟發、堅強的意志力等。

同樣地,失敗也可能由多種因素造成,諸如時間限制、地點限制、物質資源的限制和身體狀況等。此外,觀察是否有因為沒有留出足夠的時間或是有其他阻礙成功的因素,也是非常重要的。

在反思過程中,對自己做得不好的地方進行勉勵固然重要,但同樣重要的是,對

回饋的第三階段：應用

現在，我們已經快走到終點了！在這個階段，關鍵在於將之前的發現實際應用到日常生活中。

首先，標示出你已經完成的任務，並且決定追加目標。同時要記錄下你是如何取得成功的。

對於那些尚未完成的任務，你可以根據自身能力和當前情況，選擇重新調整它們或暫時擱置。同樣地，你要記錄下未能完成它們的因素，未來如何消除障礙與確定需要改進的地方。

自己做得好的地方給予讚美。當你在進行對〈日日小紀錄〉的回饋時，如果你對於自己實際完成的任務、投入度，還有朝著目標前進的過程感到滿意，那麼就應該充分地讚美自己。

回饋的第四階段：設定初始值

通過不斷地重複第一階段到第三階段，你會在不知不覺間達成目標調整與生活模式的整理。以我為例，在我取得硬筆書法師資證書之前，〈日日小紀錄〉告訴了我，下班後我還有剩餘的精力，也告訴我我是如何虛度光陰的。這啟發了我想利用夜晚時光進行有生產性的活動，特別是那些能幫助我實現目標的活動。經由回饋，我決定將「下班後去咖啡館練習硬筆書法」成為我的每日例行事項的初始值。

決定回饋週期

現在我們已經掌握了回饋的四個階段，是時候決定回饋的週期了。請你選擇一種最適合你的方式，並實際應用於日常中。

以小時為單位進行回饋

回顧下午三點到四點的時間段，本來計劃做運動，結果卻在網上購物。雖然購物是必要的，不過可以在外出移動的路上完成。因此，晚上休息時間就應該堅持運動。

我想推薦這個方法給經常閱讀〈日日小紀錄〉，或是希望充實度過每一天的人。它的優點在於能提供詳細的回饋，並可以立即將這些回饋應用於日常生活中。不過需要注意的是，採用這種方法需要有時間寫〈日日小紀錄〉，或是確保每個時間段都有合適的地點能書寫。

以天為單位進行回饋

我採用了標籤，將今天實際執行的任務進行歸類。這些標籤包括：例行事項、工作、社交、寶物（以興趣愛好的自我提升時間）與睡眠。隨後，我計算了每個類別所占用的時間。在一天二十四小時當中，睡眠九小時、例行事項三小時、工作七小時、社交四小時和自我提升一小時。

我將投入度分成了兩個等級：上／下，並計算了扣除睡眠時間外的十五小時投入度。結果顯示，有十個「上」和五個「下」。

儘管我的睡眠時間略長，但因為早上疲勞恢復，精神良好，使得我在這段時間的專注力非常高。此外，儘管我在一天中花了不少時間與姐姐聊天，但我很高興能進行富有意義的交談。

到目前為止，我的自我提升時間不足。為此，我計劃從明天開始減少例行事項的時間，早點出門，把節省下來的寶貴時間投入到閱讀上。

「每日回饋」的方法與「每小時回饋」在方法上有所不同，它涉及了統計與分析一整天。我推薦新手使用這種方法，只需投入約五分鐘的時間就能完成一天的回饋。

更重要的是，你能快速地根據今天的回饋來調整明天的計畫。

以十天為單位進行回饋

今天是第十個夜晚，我坐在咖啡廳裡，用了大約半小時，回顧了過去十天所寫的

〈日日小紀錄〉。

我完成了「給爸媽零用錢」、「和家人一起吃飯」的目標。由於這個月沒有大筆金額支出，所以我開心地給了爸媽零用錢。我分別和爸爸、姐姐享受了一次溫馨的用餐時光。下週，我計劃與媽媽、弟弟用餐，我要提前挑選一個合適的用餐地點。

此外，我的寶物時間（這是我替自我提升時間取的綽號）有二十五小時，相比過去十天，增加了六小時。我發現透過減少例行事項和滑手機的時間，我成功地增加了自我提升的時間。

大約有60％的時間，我都處於高度沉浸的狀態，而剩下的40％的時間則沒能沉浸。尤其是夜晚，我的投入度普遍不高。意識到我的高投入度時間竟然只有這種程度，我決定在未來的十天裡整頓好周遭環境，以進一步提高投入度。

我推薦在一定程度上已經熟悉了寫〈日日小紀錄〉，或是已經能夠得心應手運用〈日日小紀錄〉的人，使用「十分鐘回饋法」。在實施這種方法時，我建議你按照順序審視你的〈日日小紀錄〉：首先是目標，其次是實際完成的任務，最後是投入度。

93　Part 1　關於〈日日小紀錄〉的一切

還有，在撰寫目標回饋時，你要懷著讚美自己的心情，寫上你能夠實現目標的原因，以及下週計畫。

以月為單位進行回饋

我給了爸媽零用錢，並與家人吃了三次飯。然而，在照顧弟弟的方面，我感覺自己做得不夠好。為了改善這一點，下次我打算替每個家庭成員單獨列出需要注意的事項。因為我下個月的主要目標是「工作」，所以我必須減少自我提升時間，以便每天額外分配兩小時給工作。上個月因為休息日不多，很難抽出時間，但下個月有很多休假日，我應該充分利用這些假日，確保月底之前能夠完成並提交項目。

在一個月的週期結束時，你要簡單記錄自己是否實現了目標，如果未能實現，你就要寫下未能實現目標的原因，並據此設定下個月的目標。在制定下個月目標時，你可以回顧上個月的經歷，並根據自己的能力與條件，適當地調整目標。

> **請檢視回饋週期**
> ☐ 一小時
> ☐ 一天
> ☐ 十天
> ☐ 一個月

好了，你的〈日日小紀錄〉完成了。

你將時間切分，制定每個時間段要進行的任務，也檢查了每個時間段的任務投入度。當一天的日程結束之後，你要花時間回顧一下這一天的經歷，同時撰寫回饋，將其應用到隔天的計畫中。

讓我們再次回顧之前展示的〈日日小紀錄〉。與你第一次閱讀相比，現在你應該能夠更加理解內容。

將每小時以 10 分鐘為單位，分成 6 格。準備上班花了 30 分鐘；上班路程花了 30 分鐘。另外，每個任務的投入度以 1 分到 5 分進行記錄。

塗上顏色或製成圖表。投入度分成五個階段。你也可以替每一個任務的投入度打分數。

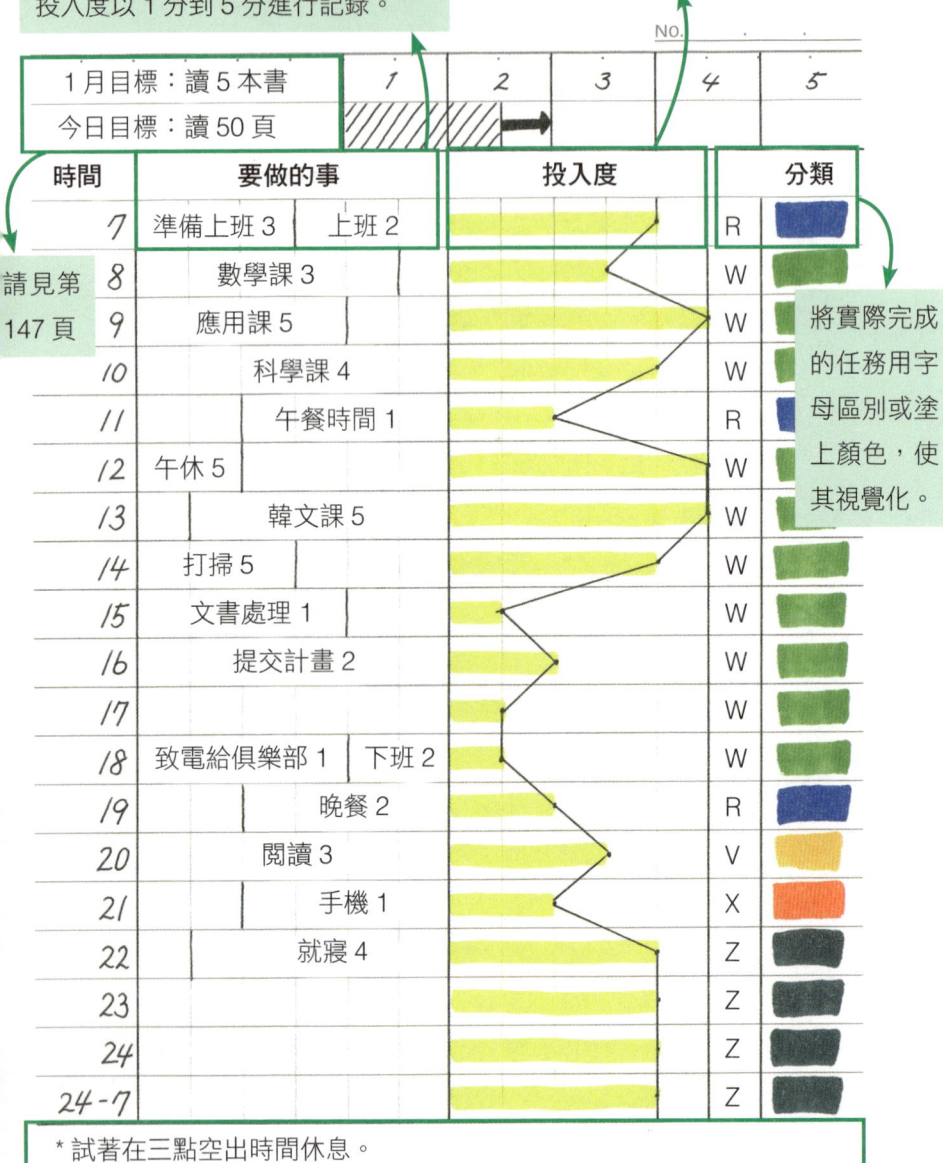

NO.

1月目標：讀 5 本書	1	2	3	4	5
今日目標：讀 50 頁					

時間	要做的事	投入度	分類
7	準備上班 3　上班 2		R
8	數學課 3		W
9	應用課 5		W
10	科學課 4		W
11	午餐時間 1		R
12	午休 5		W
13	韓文課 5		W
14	打掃 5		W
15	文書處理 1		W
16	提交計畫 2		W
17			W
18	致電給俱樂部 1　下班 2		W
19	晚餐 2		R
20	閱讀 3		V
21	手機 1		X
22	就寢 4		Z
23			Z
24			Z
24-7			Z

請見第 147 頁

將實際完成的任務用字母區別或塗上顏色，使其視覺化。

* 試著在三點空出時間休息。
* 沒辦法減少工作時間，就試著活用下班時間。

回顧一天，準備明天計畫。

morning glory

檢查清單 &
〈日日小紀錄〉

迄今為止，我們了解了製作〈日日小紀錄〉所需的各種要素，最後，我準備了範例，展示出融合這些不同元素的〈日日小紀錄〉究竟會是什麼樣子。乍看之下可能會有些複雜難懂，但如果你仔細觀察，並逐一應用這些要素，你一定能創造出最適合自己的〈日日小紀錄〉。

你專屬的〈日日小紀錄〉檢查清單

1. 請檢查一下〈日日小紀錄〉要記錄的天數
   ☑一天　□一週以上

2. 請檢視撰寫〈日日小紀錄〉的時間
   □每小時　□每個任務結束後　□就寢前

3. 請檢視要用什麼寫〈日日小紀錄〉
   ☑筆記本／手帳　□模版　□Excel　□筆記應用程式

4. 請檢視投入度的測量標準
   ☑時間（☑10分鐘 □1小時）□實際執行的任務

5. 請檢查投入度的階段
   □2階段　□3階段　☑5階段

6. 請檢視回饋的標準與方法
   □實際執行的任務（□圓餅圖　□字母　□顏色）
   ☑投入度（□上／中／下　□分數　□圓餅圖　☑圖表）

7. 請檢查回饋週期
   □每小時　☑每天　□十天　□一個月

1月目標：讀5本書	1	2	3	4	5
今日目標：讀50頁	/////	//→			

時間	要做的事	投入度	分類
7	準備上班 3 / 上班 2		R
8	數學課 3		W
9	應用課 5		W
10	科學課 4		W
11	午餐時間 1		R
12	午休 5		W
13	韓文課 5		W
14	打掃 5		W
15	文書處理 1		W
16	提交計畫 2		W
17			W
18	致電給俱樂部 1 / 下班 2		W
19	晚餐 2		R
20	閱讀 3		V
21	手機 1		X
22	就寢 4		Z
23			Z
24			Z
24-7			Z

＊試著在三點空出時間休息。

＊沒辦法減少工作時間，就試著活用下班時間。

morning glory

Part 1 │ 關於〈日日小紀錄〉的一切

你專屬的〈日日小紀錄〉檢查清單

1. 請檢查一下〈日日小紀錄〉要記錄的天數
   ☑一天　☐一週以上

2. 請檢視撰寫〈日日小紀錄〉的時間
   ☐每小時　☐每個任務結束後　☑就寢前

3. 請檢視要用什麼寫〈日日小紀錄〉
   ☐筆記本／手帳　☑模版　☐Excel　☐筆記應用程式

4. 請檢視投入度的測量標準
   ☐時間（☐10分鐘　☐1小時）　☑實際執行的任務

5. 請檢查投入度的階段
   ☑2階段　☐3階段　☐5階段

6. 請檢視回饋的標準與方法
   ☐實際執行的任務（☐圓餅圖　☐字母　☐顏色）
   ☐投入度（☐上／中／下　☐分數　☐圓餅圖　☐圖表）

7. 請檢查回饋週期
   ☐每小時　☑每天　☐十天　☐一個月

日日小紀錄，實踐高效人生　　100

以 10 分鐘為單位切割一小時。將投入度分成兩階段,在投入時間欄上上色。對所有實際執行的任務與投入度進行詳細的回饋。如果你是〈日日小紀錄〉的新手,先練習寫這種簡單的記錄吧。

MEETING RECORD

* 教室授課改善方向:以學生為主的教學
* 週二、週三、週四,校長出差,代理決策
* 10 月最後一週前繳交學費(本週週中結算)

SCHEDULE

第 3 節課 → 文佳賢

TASKS

上課	開學典禮 8:50	○
	確認學生出席狀況	○
	檢查假期作業	○
	打掃教室(檢查室內鞋)	○
	分享假期回憶	○
	發課本	○
	校園暴力預防教育	○
	教職員集合 15:30	○
	通知 1. 介紹學校 2. 說明交通義工	○
	9 月「說到做到」品格實踐(正職)	→
	3. 與班導進行的 5 分鐘安全教育	○
	說明平日學習 → 班級首員	→
	橡膠樹 → 李玉賢主管	→
	Wee-class 打掃	✕
	進修申請 16:00 ~ 按先後順序	✕

TIMETABLE

(7–12 時段表,標示 ☀ 與 ☾)

TOTAL TIME

8H40M

15H30M

FEEDBACK

下了雨,早晨時光感覺變得緩慢。我和學生們比想像中更有距離。要是我發呆,無精打采,學生們也會和我一樣。學生們把該做的事情全都做完,非常乖巧。我想成為無愧於心的老師。不忘最初的努力與熱情。

簡單記錄扣除睡眠時間之外,你一天有多少時間處於沉浸狀態。

Part 1 │ 關於〈日日小紀錄〉的一切

你專屬的〈日日小紀錄〉檢查清單

1. 請檢查一下〈日日小紀錄〉要記錄的天數
   ☑一天　☐一週以上

2. 請檢視撰寫〈日日小紀錄〉的時間
   ☐每小時　☑每個任務結束後　☐就寢前

3. 請檢視要用什麼寫〈日日小紀錄〉
   ☑筆記本/手帳　☐模版　☐Excel　☐筆記應用程式

4. 請檢視投入度的測量標準
   ☐時間（☐10分鐘　☐1小時）　☑實際執行的任務

5. 請檢查投入度的階段
   ☑2階段　☐3階段　☐5階段

6. 請檢視回饋的標準與方法
   ☐實際執行的任務（☐圓餅圖　☐字母　☐顏色）
   ☐投入度（☐上/中/下　☐分數　☐圓餅圖　☐圖表）

7. 請檢查回饋週期
   ☐每小時　☐每天　☐十天　☐一個月

日日小紀錄，實踐高效人生

> 以十分鐘為單位切割一小時。將投入度分成兩階段，在投入時間欄上上色。對所有實際執行的任務與投入度進行詳細的回饋。如果你是〈日日小紀錄〉的新手，先練習寫這種簡單的記錄吧。

日期	2020/08/04		D-Day	D-96				
科目	目標		時間		時間表			
國文	模擬考第1回 60′		60′	7				
	解模擬考答案 60′	→	80′	8				
	文法課網路課程 120′	→	90′	9				
	複習 30′	→	20′	10				
數學	模擬考第1回 60′		60′	11				
	解模擬考答案 60′	→	100′	12				
社會	Output 第1回 20′		20′	1				
	Output 錯題 10′	→	5′	2				
科學	重看昨天錯的問題 10′	→	20′	3				
	第3單元重點整理		30′	4				
	第4單元網路課程	→	80′	5				
				6				
				7				
				8				
				9				
				10				
				11				
ALT	（實際讀書時間）8h		40m	12				

Part 1 ｜ 關於〈日日小紀錄〉的一切

你專屬的〈日日小紀錄〉檢查清單

1. 請檢查一下〈日日小紀錄〉要記錄的天數
   □ 一天　☑ 一週以上

2. 請檢視撰寫〈日日小紀錄〉的時間
   ☑ 每小時　□ 每個任務結束後　□ 就寢前

3. 請檢視要用什麼寫〈日日小紀錄〉
   ☑ 筆記本／手帳　□ 模版　□ Excel　□ 筆記應用程式

4. 請檢視投入度的測量標準
   ☑ 時間（□ 10 分鐘　☑ 1 小時）□ 實際執行的任務

5. 請檢查投入度的階段
   ☑ 2 階段　□ 3 階段　□ 5 階段

6. 請檢視回饋的標準與方法
   □ 實際執行的任務（□ 圓餅圖　□ 字母　□ 顏色）
   □ 投入度（□ 上／中／下　□ 分數　□ 圓餅圖　□ 圖表）

7. 請檢查回饋週期
   □ 每小時　□ 每天　□ 十天　□ 一個月

> 將投入度分成兩階段，在投入時間欄上上色。對所有實際執行的任務與投入度進行詳細的回饋。如果你是〈日日小紀錄〉的新手，先練習寫這種簡單的記錄吧。

時間	一	二	三	四	五	六	日
7~8	早晨例行事項	早晨例行事項	早晨例行事項	早晨例行事項	早晨例行事項	睡眠	早晨例行事項
8~9	上班	上班	上班	上班	上班	麥當勞早餐	移動
9~10	英文	國文	體育	美術	實作課	跑步	馬拉松
10~11	數學	生態學習	音樂	美術	國文	洗衣服	"
11~12	社會	"	科學	道德	國文	打掃、拖地	"
12~13	午餐（整理照片）	午餐（整理工作）	午餐（整理書桌）	午餐（整理電腦）	午餐（制定下週計畫）	做義大利麵	午餐（湯飯）
13~14	國文	創意體驗	數學	數學	音樂	彈琴	移動
14~15	國文	創意體驗	處理業務	社會	科學	"	休息
15~16	處理業務	研修	備課	處理業務	商談	準備外出	學英文
16~17	開會	"	"	"	處理業務	移動	"
17~18	備課	備課	處理業務	"	下班	家庭時光	"
18~19	下班	下班	下班	下班	騎單車	"	晚餐（沙拉）
19~20	晚餐（便當）	晚餐（沙拉）	晚餐（肉）	晚餐（便當）	看電影	"	寫家計簿
20~21	學英文	閱讀	閱讀	散步	"	晚上例行事項	添購生活用品
21~22	"	"	滑手機	去超市	"	滑手機	晚上例行事項
22~23	"	睡眠	睡眠	做飯	閱讀	"	睡眠
23~24	休息	"	"	學英文	"	睡眠	"
24~7	睡眠	"	"	"	睡眠	"	"

你專屬的〈日日小紀錄〉檢查清單

1. 請檢查一下〈日日小紀錄〉要記錄的天數
   □ 一天　　☑ 一週以上

2. 請檢視撰寫〈日日小紀錄〉的時間
   □ 每小時　　☑ 每個任務結束後　　□ 就寢前

3. 請檢視要用什麼寫〈日日小紀錄〉
   ☑ 筆記本／手帳　　□ 模版　　□ Excel　　□ 筆記應用程式

4. 請檢視投入度的測量標準
   □ 時間（□ 10 分鐘　□ 1 小時）　☑ 實際執行的任務

5. 請檢查投入度的階段
   □ 2 階段　　☑ 3 階段　　□ 5 階段

6. 請檢視回饋的標準與方法
   ☑ 實際執行的任務（□ 圓餅圖　　□ 字母　　□ 顏色）
   □ 投入度（□ 上／中／下　□ 分數　□ 圓餅圖　□ 圖表）

7. 請檢查回饋週期
   □ 每小時　　□ 每天　　☑ 十天　　□ 一個月

制定旅遊計畫

> 每隔十天就簡單地回饋,確認是否達成目標。

期間	前10天(1～10號)			中間10天(11～20號)			最後10天(21號～31號)		
目標	訂機票			訂旅館			決定用餐地點		
日期	1號(週六)			11號(週六)			21號(週五)		
	待辦事項	實際執行的任務	投入度	待辦事項	實際執行的任務	投入度	待辦事項	實際執行的任務	投入度
7	打掃	早餐	中	早晨例行事項	早晨例行事項	上	早晨例行事項	早晨例行事項	下
8	早晨例行事項	打掃	上	上班	上班	上	上班、備課	上班、備課	上
9	早餐	早晨例行公事	上	美術	國文	上	美術	科學(科學教室)	中
10	移動	移動	下	美術	數學	上	美術	國文	上
11	上課	上課	中	數學	社會、電話	上	數學	美術	上
12	午餐	午餐	上	社會	科學	上	社會	美術	上
1	閱讀	閱讀	下	午餐	中餐	中	午餐	午餐	上
2	旅遊計畫	旅遊計畫	上	道德	科學	下	道德	社會	上
3	旅遊計畫	部門活動策劃	上	學習項目	開會	中	學習項目	學習項目	上
4	旅遊計畫	基礎學力考試	上	商談	基礎學力考試	上	商談	商談	上
5	移動(旅遊相關影片)	績效評估	上	平日學習說明	績效評估	下	平日學習說明	下班、晚餐	下
6	晚餐	晚餐、電話	中	下班、晚餐	部門活動策劃	上	下班、晚餐	運動	上
7	休息	電影	上	運動	下班、晚餐	上	運動	運動	上
8	運動	電影	上	旅遊計畫	旅遊計畫	上	旅遊計畫	旅遊計畫(1)	上
9	補課	閱讀筆記	中	旅遊計畫	旅遊計畫	中	晚上例行事項	旅遊計畫(2)	中
10	晚上例行事項	晚上例行事項	下	晚上例行事項	晚上例行事項	下	就寢	就寢	上
11	就寢	就寢	上	就寢	就寢	上	〃	〃	〃
12	〃	〃	〃	〃	〃	〃	〃	〃	〃
1	〃	〃	〃	〃	〃	〃	〃	〃	〃
2	〃	〃	〃	〃	〃	中	〃	〃	〃
3	〃	〃	〃	〃	〃	〃	〃	〃	〃
4	〃	〃	〃	〃	〃	〃	〃	〃	〃
5	〃	〃	〃	〃	〃	〃	〃	〃	〃
6	〃	〃	〃	〃	〃	〃	〃	〃	〃
7	地點、時間、價格確認完畢(需確認日期與時間)			因為工作過多而無法進行			第二天到晚上的行程都規劃完畢		

你專屬的〈日日小紀錄〉檢查清單

1. 請檢查一下〈日日小紀錄〉要記錄的天數
   ☑一天　□一週以上

2. 請檢視撰寫〈日日小紀錄〉的時間
   ☑每小時　□每個任務結束後　□就寢前

3. 請檢視要用什麼寫〈日日小紀錄〉
   ☑筆記本／手帳　□模版　□Excel　□筆記應用程式

4. 請檢視投入度的測量標準
   ☑時間（☑10 分鐘 □1 小時）□實際執行的任務

5. 請檢查投入度的階段
   □2 階段　☑3 階段　□5 階段

6. 請檢視回饋的標準與方法
   □實際執行的任務（□圓餅圖　□字母　□顏色）
   ☑投入度（□上／中／下　☑分數　□圓餅圖　□圖表）

7. 請檢查回饋週期
   ☑每小時　☑每天　□十天　□一個月

與 147 頁內容有關。　針對未能完成每小時原定計畫的理由進行回饋。

No. ＿＿＿＿

1年目標：讀60本書	1月目標：讀5本書
10天目標：讀2本書	當日目標：讀50頁

時間	待辦事項	實際執行的任務	類別	投入度			回饋
7	上班	〇	例行事項			3	
8	數學課	〇	工作			3	
9	實作課	〇				3	
10	科學課（科學教室）	〇				3	
11		〇			2		
12	午餐	午餐、午休	例行事項			3	恢復疲勞
13	國文課	〇	工作			3	
14			國文課、打掃			3	
15	打電話給青少年俱樂部	文書處理（完成報告）	/				負責人不在
16	處理文書（報告）	提交企劃書			2		
17	提交計畫（3/29）				2		
18	打電話給青少年俱樂部	打電話給青少年俱樂部	/				
19	運動	下班、晚餐	例行事項 /				偷懶
20	晚餐	閱讀	目標		2		
21	閱讀	滑手機	× /				上社群網站
22	就寢	就寢	睡眠			3	
23							
24							
24-7				4	8	24	總分 36/48

水	3	早餐	×
運動	30m	午餐	拌飯
閱讀	70p	晚餐	辛奇鍋

能在忙碌的一天讀70頁書，我很滿意。
明天一定要吃早餐和運動！

將沒完成的事寫入其他時間段。

將投入度分成三階段，分別給予一到三分。
加總分數得出今日投入度總分。

可以寫下一天的菜單和目標值。

morning glory

你專屬的〈日日小紀錄〉檢查清單

1. 請檢查一下〈日日小紀錄〉要記錄的天數
   ☑一天　☐一週以上

2. 請檢視撰寫〈日日小紀錄〉的時間
   ☐每小時　☑每個任務結束後　☐就寢前

3. 請檢視要用什麼寫〈日日小紀錄〉
   ☐筆記本／手帳　☑模版　☐Excel　☐筆記應用程式

4. 請檢視投入度的測量標準
   ☑時間（☐10分鐘 ☑1小時）☐實際執行的任務

5. 請檢查投入度的階段
   ☐2階段　☐3階段　☑5階段

6. 請檢視回饋的標準與方法
   ☑實際執行的任務（☑圓餅圖　☑字母　☐顏色）
   ☑投入度（☐上／中／下 ☐分數 ☑圓餅圖 ☐圖表）

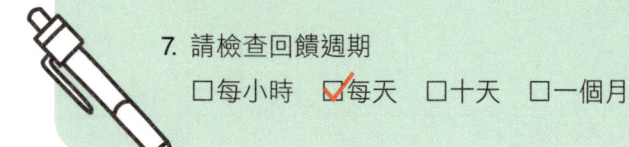

7. 請檢查回饋週期
   ☐每小時　☑每天　☐十天　☐一個月

日日小紀錄，實踐高效人生

夢想	健康的我	早餐	伯爵奶茶	1
一行目標	適應新環境	午餐	餃子	
1月目標	整理好舊環境	晚餐	五花肉、蝦、披薩	25
10日目標	好好地結束這學期（照片，信件）	健康	×	

	待辦事項	實際執行的任務	類別	活力（%）
8:00-9:00	上班、工作	上班	S	
9:00-10:00	開會	會議、聊天	W、R	
10:00-11:00	成績	聊天、成績	R、W	
11:00-12:00	成績	成績	W	
12:00-1:00	午餐	剪輯影片	D	
1:00-2:00	選舉草案	Cool messenger、選舉	W	
2:00-3:00	出缺席、重點說明	電視	W	
3:00-4:00	電視、年末清算	成績、選舉草案、介紹	W	
4:00-5:00	（診斷書）簽名、下班	草案、下班	W	
5:00-6:00	朋友們	修理鍋爐	S	
6:00-7:00	寄出		S	
7:00-8:00		朋友們	R	
8:00-9:00				
9:00-10:00	廉潔口號、閱讀			
10:00-11:00	就寢準備			
11:00-12:00	睡眠			
12:00-8:00		電視		
		就寢準備	S	
		睡眠	Z	

分別查看自己24小時都做了什麼。除了睡眠之外，我花最多時間在工作與社交上。

2月中旬提交運營委員會安全企劃案，到2/1為止提交、檢查生活記錄簿。
不要捨不得睡，早點上床睡覺！！

檢視一天24小時中，除睡眠時間外的17個小時的投入度。達到最高投入度5分有10次；投入度4分的有2次；投入度3分的為1次；剩下的1～2分投入度則出現了4次。被標記為黃色的部分是我原本應該全神貫注的時間，但實際上我卻沒能做到。因此，我下定決心：「明天要減少黃色部分！」

你專屬的〈日日小紀錄〉檢查清單

1. 請檢查一下〈日日小紀錄〉要記錄的天數
   ☑一天　☐一週以上

2. 請檢視撰寫〈日日小紀錄〉的時間
   ☐每小時　☑每個任務結束後　☐就寢前

3. 請檢視要用什麼寫〈日日小紀錄〉
   ☐筆記本／手帳　☐模版　☑Excel　☐筆記應用程式

4. 請檢視投入度的測量標準
   ☑時間（☑10 分鐘 ☑1 小時）☐實際執行的任務

5. 請檢查投入度的階段
   ☐2 階段　☐3 階段　☑5 階段

6. 請檢視回饋的標準與方法
   ☑實際執行的任務（☑圓餅圖　☐字母　☑顏色）
   ☑投入度（☐上／中／下 ☑分數 ☐圓餅圖 ☐圖表）

7. 請檢查回饋週期
   ☐每小時　☑每天　☐十天　☐一個月

日日小紀錄，實踐高效人生

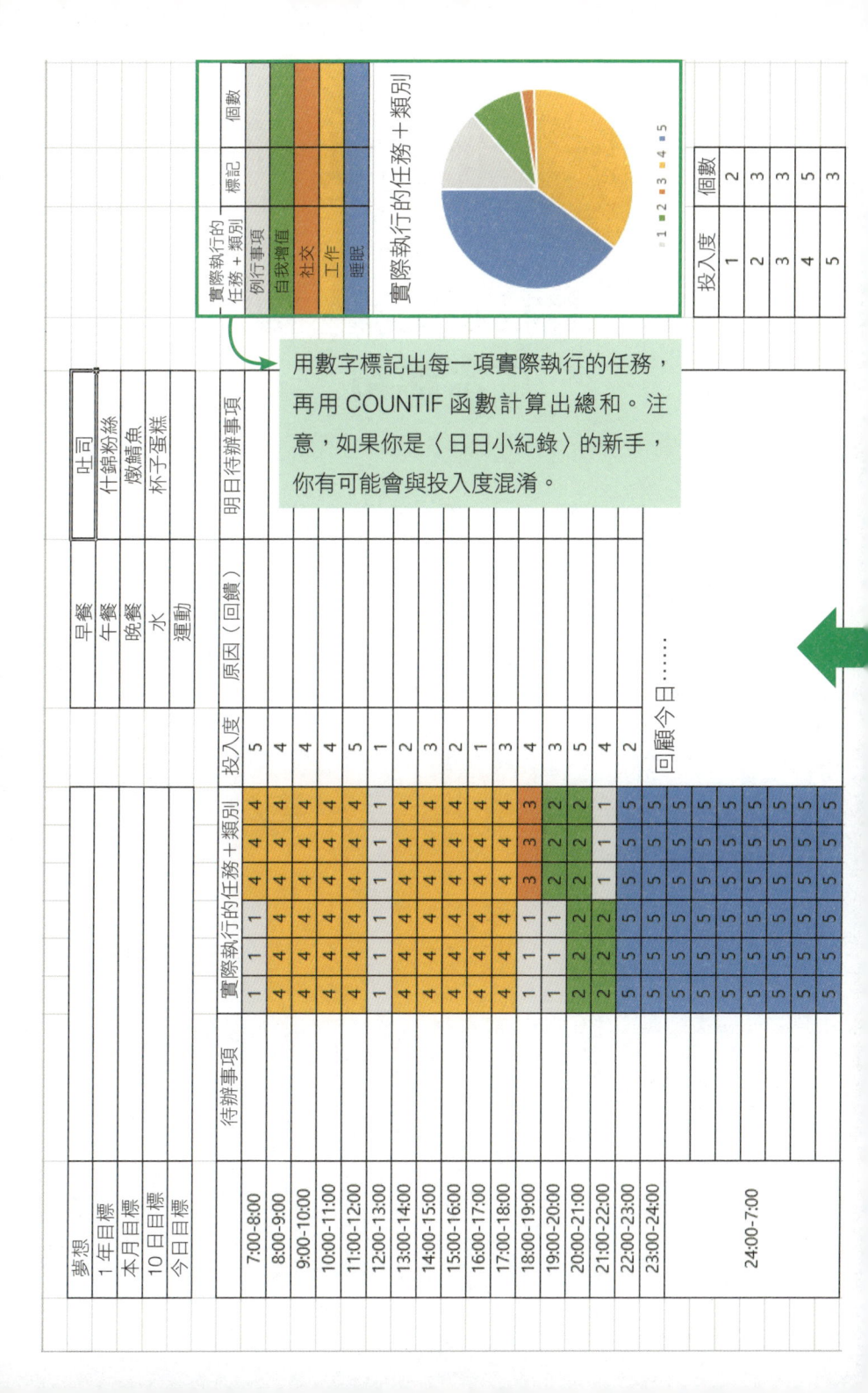

實際執行的任務+類別	標記	個數
例行事項		
自我增值		
社交		
工作		
睡眠		

投入度	個數
1	2
2	3
3	3
4	5
5	3

> 用數字標記出每一項實際執行的任務，再用 COUNTIF 函數計算出總和。注意，如果你是〈日日小紀錄〉的新手，你有可能會與投入度混淆。

		早餐	吐司
		午餐	什錦粉絲
		晚餐	燉鯖魚
		水	杯子蛋糕
		運動	

	待辦事項	實際執行的任務+類別	投入度	原因（回饋）	明日待辦事項
7:00-8:00		1 1 1 1	5		
8:00-9:00		4 4 4 4	4		
9:00-10:00		4 4 4 4	4		
10:00-11:00		4 4 4 4	4		
11:00-12:00		4 4 4 4	5		
12:00-13:00		1 1 1 1	1		
13:00-14:00		4 4 4 4	2		
14:00-15:00		4 4 4 4	3		
15:00-16:00		4 4 4 4	2		
16:00-17:00		4 4 4 4	1		
17:00-18:00		4 4 4 4	3		
18:00-19:00		1 1 3 3	4		
19:00-20:00		1 1 2 2	3		
20:00-21:00		2 2 2 2	5		
21:00-22:00		2 2 2 1	4		
22:00-23:00		5 5 5 5	2		
23:00-24:00		5 5 5 5			
24:00-7:00		5 5 5 5 5 5 5 5 5 5 5 5 5 5 5 5 5 5 5 5 5 5 5 5	回顧今日……		

夢想
1 年目標
本月目標
10 日目標
今日目標

〈日日小紀錄〉的年末總結

在年末與新年開始之際,你會做什麼?許多人在觀賞日落時回顧過去一年,並在日出時許下新年新希望。然而,這些決心往往一下子就會煙消雲散。在這種時候,只需改變一件事就能帶來驚人的轉變。那就是年末總結。

我每年的十二月三十一日,會用專屬於我的特別方式度過這一天——以過去一年的〈日日小紀錄〉為基礎,整理過去一年,度過這一年的最後一夜,並熱切期待新的一年的到來。這麼做,能夠讓我一目了然地看到自己是如何超越目標,實現夢想的。

首先，我會寫下一年中我所完成的事。

主題	去年的目標	完成的事
書寫	韓文、英文、漢字練習、自傳、比賽	取得硬筆書法 2 級證照；寫了 30 頁自傳
樂器	鋼琴、陶笛、卡林巴琴	鋼琴：《summer》、《第 8 鋼琴奏鳴曲》 卡林巴琴：買新的進行練習。可與鋼琴合作演奏
學習	閱讀、英文	對看書不感興趣的我，每週都去書店買書，並去咖啡廳閱讀。
藝術	攝影、美術	購買了底片相機、拍立得相機、三星相機和三腳架。 我在我的房間裡精心佈置了專屬於我的繪畫角落，放置了畫架、畫家帽、畫布、木製調色盤、顏料、圍裙、袖套。
其他	食譜、運動、戒酒	親自下廚招待客人；週末時逛市場，自己做飯吃；持續在部落格記錄食譜；禁酒 100 天成功。 前三個月上瑜伽、彼拉提斯與肌耐力運動團體班，之後報名健身房，建立了運動習慣。

接下來，讓我們看一下我沒能完成的事。重要的是，要寫下未能完成的原因。

主題	理由分析
書寫	漢字練習：只停留在二級，有點失望。因為一直覺得明年再挑戰也可以，拖了又拖，平常鮮少練習。 自傳：雖然回顧了我的人生，但沒有按時期深入回顧人生。我認為失敗主因是因為我沒能保留寫自傳的時間。 比賽：因為不緊急也不重要，沒有強烈想完成的念頭，被擠到了待辦清單中的最底下。
樂器	鋼琴：應該要每天練習，但卻沒有做到。晚上九點以後就不能彈琴，時間與空間限制大。 陶笛：本來應該先購買樂器，上網搜尋後，發現很難訂購，結果直接放棄。不久前我在一本書上看到：「直接做才是最好的。」要是我沒想這麼多，先入手樂器；如果我不考慮聲音完美品質、CP值與設計，不顧一切先買再說，這個目標應該早就達成了。
學習	英文：很茫然，不知道從何著手。應該先背單字嗎？要參加會話聚會嗎？要請英文家教嗎？或是看沒有字幕的電影？
藝術	攝影：徹底的門外漢。「因為這台相機很奇怪，而且桌上有隔板，小孩還戴著口罩，所以才拍不出好看的照片。」這應該是我的藉口吧？因為嫌拍照麻煩，拿相機的時候拿得很隨便。原本想買 iPad 的剪輯 APP LumaFusion 拍攝好看的影片，但看到價格就卻步了。
學習	對看書不感興趣的我，每週都去書店買書，並去咖啡廳閱讀。
藝術	購買了底片相機、拍立得相機、三星相機和三腳架。我在我的房間裡精心佈置了專屬於我的繪畫角落，放置了畫架、畫家帽、畫布、木製調色盤、顏料、圍裙、袖套。
其他	親自下廚招待客人；週末時逛市場，自己做飯吃；持續在部落格記錄食譜；禁酒 100 天成功。 前三個月上瑜伽、彼拉提斯與肌耐力運動團體班，之後報名健身房，建立了運動習慣。

主題	目標	具體內容
健康	水	每天喝 500ml 以上的水
	運動	創造出理想的 inbody 檢查結果
	情緒	不論什麼事情，以我的情緒健康為優先考量
	戒酒	一個月兩次以下
興趣	樂器	一週1次以上，每次練習1小時以上（善用週日早上）
	攝影	剪輯5支影片。拍下不同季節的相同地點照。
	美術	創作出5個以上的作品。
	英文	從聽力開始。
寫作	練字	考取硬筆書法1級證照。
	閱讀	每個月讀1本以上不同領域的書（根據韓國十進制分類表：哲學、社會科學、自然科學、科學技術、藝術、語言、文學、歷史）
	部落格	發佈200篇文章。
	寫作	一週三小時以上寫作（主要時間段：週六早上，隨行程調整）
生活習慣	奇蹟早晨	每週3次以上，晚上9點以前就寢，早上6點以前起床
	學校	提前30分鐘上班。每天要研讀30分鐘以上教材。
	〈日日小紀錄〉	制定一天的計畫後行動。寫〈日日小紀錄〉，提高投入度。
	理財	每個月10萬元自我投資（除了生活必要支出之外）

根據分析內容，重新調整目標的同時，再次分類。

對我來說，寫出目標會讓我堅信，無論過去如何，我都擁有一個美好又光明的未來。在回首過去一年時，我感謝那些珍惜我、守護我的人；在迎接新的一年之際，我要更加關懷身邊的每一個人，給予我的學生們無限的溫暖與愛，努力將身體的健康與內心的平靜視為首要之務。

我相信，透過計劃、分析後制定的新計畫，這個機制必然帶來成功。不用太貪心地一次填滿清單，在每個領域實現一到兩個目標後，再逐漸擴張領域吧。我也是養成一個習慣後，再逐一增加。而在年底總結時，我會對這些目標進行再次的衡量與分析。

常見問題 & 解答

Q1

儘管一切似乎都按照計畫進行，但我時常擔心投入度減退。

A1

是的。我非常了解這種心情。我也有過許多痛苦的時候。那時候，我常會感嘆「我竟然這樣子度過了一天！」但不要失望。在那些投入度不高的日子，不妨暫時放下筆，檢視自己的狀態吧。畢竟，我們的目標是要有效地利用時間，而不是讓時間控制我們的生活。給自己一兩天的休息時間，重新梳理目標，將一切還原（reset），重新開始。

119　Part 1　關於〈日日小紀錄〉的一切

Q2 即使休息了,投入度還是不見起色。有什麼方法能幫助我更好地進入沉浸狀態呢?

A2 首先,花點時間思考一下你必須沉浸的原因,然後再開始工作。開始工作之前,確認一下你需要的所有物品都已經準備就緒。這麼做能避免在工作過程中,你因為找東西而打斷沉浸感。從你熟悉的或容易著手的,或是之前做到一半還沒做完的事情開始。

工作環境也同樣重要。請經常保持周遭環境的整潔。略帶飢餓的狀態會比飽腹更有助於集中經歷。沒有歌詞的平靜音樂,或節奏穩定的音樂,或白噪音都很好。如果你的腦海中出現雜念,就去散步,或將那些雜念寫在紙上,以此消除它們。將手頭的工作想像成一個升級遊戲中的任務。此外,嘗試拍下自己沉浸於工作中的模樣,從一個客觀角度觀察自己,也是一種有效方法。

日日小紀錄,實踐高效人生　120

Q3

A3

我發現我沒有足夠的時間寫〈日日小紀錄〉。

你可以選擇只記錄實際執行任務與投入度。大膽地讓它過去吧。費力地回想已經模糊的昨天反而是低效率作法。然而，分析與記錄下你未能寫〈日日小紀錄〉的原因則非常重要。簡單概述原因就足夠了，請一定要寫出自己沒寫〈日日小紀錄〉的原因。

Q4

A4

我對時間管理有強迫症，無法放任自己放鬆休息或玩樂，我該怎麼辦才好？

你可以嘗試將每日目標設定為只花費80％的力氣去完成，或者你可以檢視自己的投入度，刻意將投入任務的時間減少。

Part 2

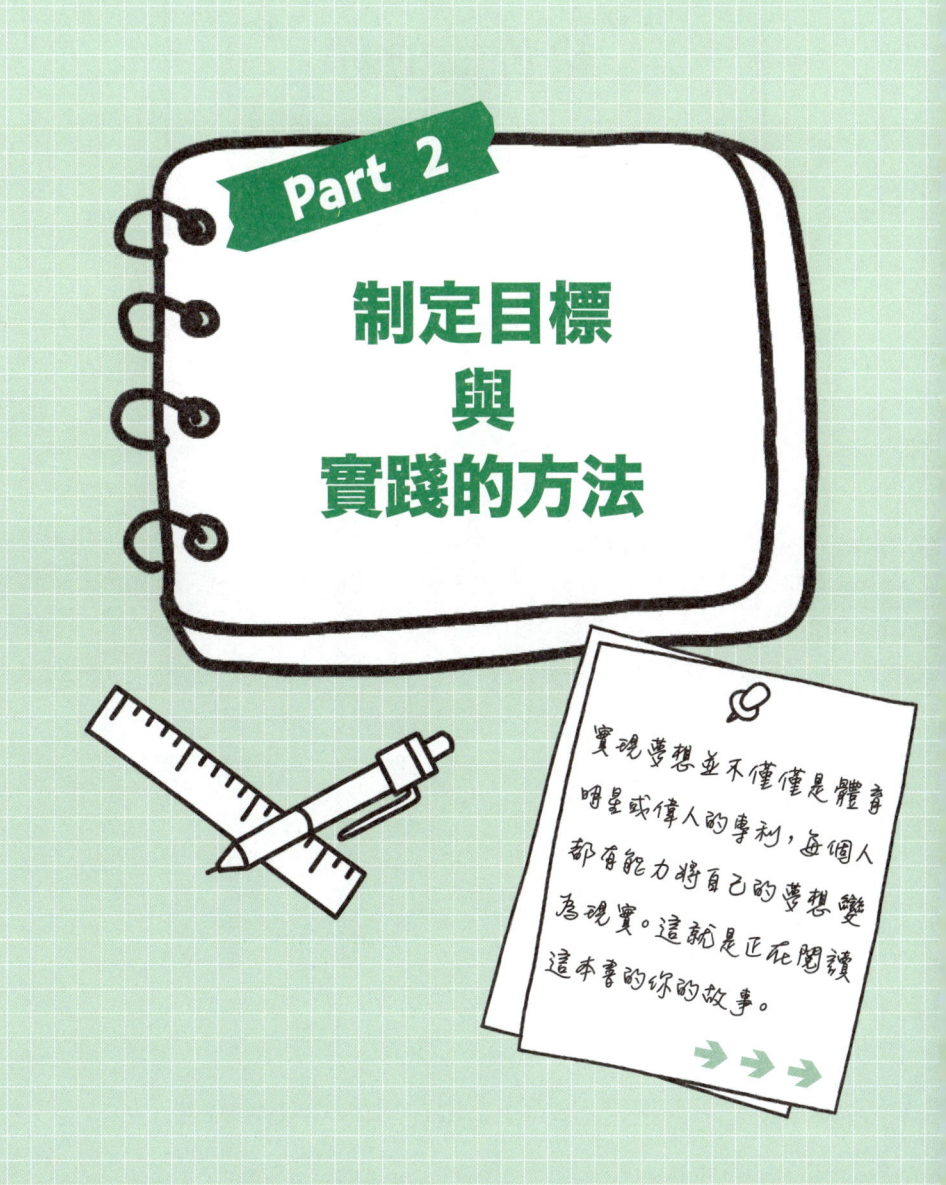

制定目標
與
實踐的方法

實現夢想並不僅僅是體育明星或偉人的專利,每個人都有能力將自己的夢想變為現實。這就是正在閱讀這本書的你的故事。

給苦惱的你

到目前為止，我們已經探討了必須撰寫〈日日小紀錄〉的原因，還有此一過程，包含計劃、沉浸與回饋三個階段。

在計劃階段，你會將目標細分後並記錄下來，為每個時間段制定具體的計畫；在沉浸階段，你觀察與評估了自己實際執行的任務與投入度；在回饋階段，你審視了前一階段的紀錄，區別出自己積極與需要改進的地方，並將新的需求融入到第一階段，即計畫階段，開始新的一天。

相同的過程不斷地重複，換言之，

只要你堅持不懈地寫〈日日小紀錄〉，就能有效地管理好每天的節奏。透過此一過程，你能創造出更多的時間，度過既充實且具有生產力的一天，而不是像踩滾輪一樣，終日碌碌，不知所為。

儘管沒有目標卻充實的一天本身也具有意義，但如果設定了明確的目標，你的生活就像是裝上了引擎的汽車，能更有方向性地前進。知道目的地，並為之努力前行時，會比茫然無目的地的奮鬥，更充滿意義。

你可能會困惑於這類的問題：「我應該做什麼好？」、「我的目標是什麼？」、「我想要達成什麼目標？」或者「把目標寫在〈日日小紀錄〉裡，並不代表目標就會自動實現。我該如何行動呢？」我想和有這種想法的人分享一下〈日日小紀錄〉存在的意義——最終使〈日日小紀錄〉變得完整的「目標」。

夢想的祕密

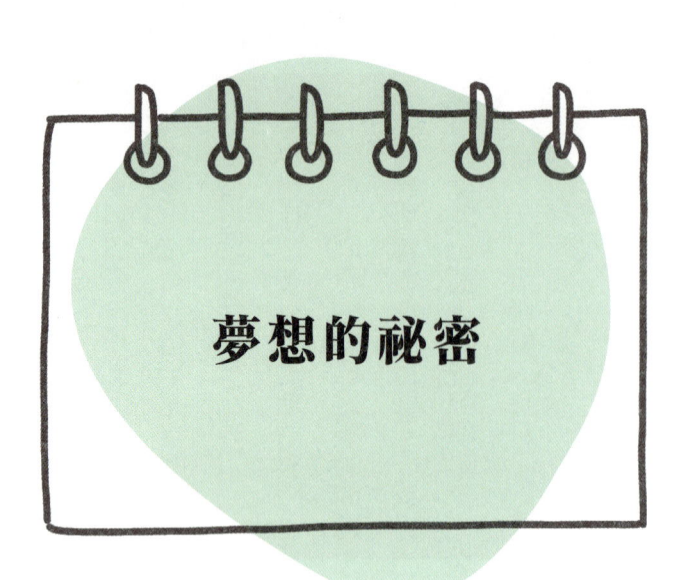

每個人都過著不一樣的人生。大家所追求的也各異其趣，諸如愛情、金錢、工作、夢想、遊戲、旅行、菸酒、讀書、藝術、子女、食物、宗教、偷懶、完美、運動、幸福、權力、名譽等，那麼，你想過怎樣的生活呢？

最近，我有幸遇到一位令人欽佩的年輕人。他是全世界最年輕的沙漠馬拉松大滿貫得主，曾與嚴弘吉隊長一同攀登喜瑪拉雅山，並帶領無人島探險隊等工作。他年紀輕輕就懷著前往沙漠與南極的夢想，不懈追求。他的人生讓我深感好奇。即使我與他同樣擁有挑戰與熱

情，但那並不是我想過的人生。

我經常思索，「我想過怎樣的人生呢？」、「人為何而活」。我問過交往十年以上的朋友們，像是為什麼要活著之類的問題。他們給出了各種答案，如「因為死期未至」、「因為沒有死的勇氣」、「因為出生了」、「因為沒有想實現的目標」、「因為即使什麼都不做，生活還是會繼續。」

人終將一死。無論我們如何努力追求各種成就與夢想，我們最終都會面臨生命的終結。如果這樣想的話，你可能會陷入虛無主義，自問「活著要幹嘛？」、「幹嘛要挑戰？」然而，人類是無比神奇的。當你感受到幸福時，你就不會想死，你會全心享受那一刻，渴望享受當下。當你實現了某個目標時，你會獲得難以言喻的成就感。即便這些死後都將成為無用之物。

時間不是從過去流向未來，而是一直存在著。當人們感受到幸福的那一刻，往往就不會考慮到過去或未來，只會單純地專注於當下的生活。

既然如此，我應該用什麼樣的方式，作為怎樣的人活著呢？

127　Part 2 ｜ 制定目標與實踐的方法

我認為，至少要決定好自己人生的方向，思考如何度過每一天，為誰而活，要做什麼活下去。傾聽在我胸口跳動的是什麼？不是茫然地想著「我是誰」，而要仔細觀察「我」這個人。

我高中時，目標是考進一所好大學，而當我上了大學，目標轉向了找到一份好工作。然而，步入職場後的我陷入了迷惘。我開始質疑「我現在該做什麼呢？」，並意識到，自己一直以來追逐的是似乎是別人的夢想。因此，我開始尋找那個真正屬於我，實現後不會感到空虛，既特別又有意義的夢想。

儘管關於夢想的文章數不勝數，實現夢想的實際事例不勝枚舉，不過，還是有人沒有夢想。也許是因為沒有特別想做的事，也許是因為不夠了解自己，也許是因為被太多限制束縛而提前放棄，以致於不知不覺之間遺忘了夢想。

「寫下夢想的職業？」、「我成績這麼差，怎麼可能實現這種夢想？」、「想想社會大眾會怎麼看待這個吧？」、「這太不切實際了」、「這不是我爸媽期望的」說不定因為這些想法，讓你將夢想深藏心底，就像一張摺疊起的紙。現在是時候重新找出並展開那張你珍藏於內心深處的紙了。

找出夢想的文氏圖

zone of genius

天才區

如果你稍微留意一下周遭的人,就會發現很多人既不知道自己想做什麼,也不知道該如何設定目標。我最要好的朋友經常傾訴他們的煩惱,比如「最近我不知道做什麼好」、「我不知道自己擅長什麼,也不知道如何在擅長的事和喜歡的事之間作出選擇。」

我偶然在 Youtube 頻道《CosmoJina》上找到了解決這些困惑的方法。那就是創造一個「天才區」(Zone of Genius)。這是作家勞拉‧加內特(Laura

Garnett）在著作《尋找你的天才區》（直譯，*Find your Zone of Genius*）中介紹的一種自我分析工具，能幫助人們繪製出熱情、技能、天賦與價值四個領域的文氏圖，並幫助找到這些領域的交集。這個交集區就是你的夢想與目標。

當時我正處於沮喪之中，但看到這個方法讓我如獲至寶，我找出了心中一直想要追求的東西，也從平時我覺得無聊的事物中，找到了發揮才能的機會。我建議你一定要寫出你的「天才區」，這有助於你更了解自己，並能更容易地找到自己的目標。讓我們來看一下。

天才區

熱情 Passions
- 寫下我的想法
- 制定計畫並實踐
- 與不同的人交流
- 騎自行車
- 製作微縮模型
- 到書店挑書
- 去風景優美的咖啡廳
- 桌遊

才能 Talents
- 手巧
- 閱讀能力
- 在腦海中建立系統
- 口才
- 好奇心、想像力
- 獨創性

最佳打擊點 SWEET SPOT
- 寫一些能幫助別人的書或舉行相關講座（時間管理、筆跡、教育、桌遊、學習方法、散文隨筆等）
- 和孩子一起上有意義的課（參加項目或對話等）
- 培養技能（Skill）領域，從中學習並成長

技能 Skill
- 教育學
- 默背方法
- 寫出端正的字
- 煮出美味辛奇湯的方法
- 時間管理法
- Excel 函數

價值 Values
- 有助他人的
- 美麗又整潔的環境
- 理想的世界
- 建立幸福的家庭
- 多種領域的專家
- 感受到工作的意義與成就感
- 穩定生活中的新體驗

熱情（Passions）

熱情領域指的是，即使沒有人干涉，你也能享受的領域。它不需要是宏大的，你只需要寫下你平時喜歡的事物就行了。有人形容它是「不知不覺中熬夜做也不會感到厭煩與無聊的事情」。最好詳細地設定情況。以下是我寫的內容：

- 製作微縮模型
- 寫手帳
- 寫下我的想法與抄寫
- 制定計畫
- 完成被賦予的任務
- 騎自行車
- 與人交談
- 去書店

- 去咖啡廳

技能（Skills）

技能領域指的是通過後天學習所習得的技能，並且你認為你的這項才能在全世界人口中處於前30％。有人可能會問：「一定要在前30％嗎？我擁有的才能，其他人不也都有嗎？」但絕對不是這樣！每個人都至少有一項自己擅長的事情。

以下是我寫的內容：

- 教育學
- 默背能力
- 寫字
- 煮辛奇湯

才能（Talents）

才能領域指的是與生俱來的天賦。由於人們有低估自己的傾向，因此詢問身邊的人也是一種方法。我們經常認為如果有「才能」就一定會產出「成果」，認為那才是真正的天賦。但事實並非如此。

以下是我寫的內容：

- 讀完以後說出來的能力
- 好奇心
- 創意
- 手巧
- 邏輯能力
- 專注力
- 毅力

價值（Values）

價值領域指的是你認為的人生中最重要的元素。我認為金錢不能成為人生的價值，它只是實現某些目標的手段而已。想一想你的人生目標與想要實現的事吧。這並不難，想想什麼時候你感到快樂，什麼時候你感覺自己活著，或者你希望別人如何記住你。這些都會有所幫助（我甚至思考了自己墓誌銘銘文）。

以下是我寫的內容：

- 結婚、成家、生兒育女
- 興趣愛好、新的經驗
- 好看的家、裝潢
- 專業性、成就感
- 有意義的事物、能幫上別人的事物
- 收集好看小物。

最佳打擊點（Sweet Spot）

如果你寫好了以上四個領域，那麼請仔細觀察它們的交集區。這一區就是「最佳打擊點」。

例如，我熱衷於與人交談、了解教育學、具有公開演講的天賦、認為幫助他人的人生是有價值的，我現在是一名小學教師，感到相當幸福等等。當生活越接近最佳打擊點，生活滿意度就越高，反之，離得越遠，滿意度就越低。

觀察一下你的最佳擊球點能幫助你了解自己是什麼樣的人。比如，你想和什麼樣的人交朋友？你想向世界展示什麼？你喜歡什麼活動？你想用什麼生活方式度過餘生等。每個人最終都會有不同的模樣，而這取決於你要使用什麼顏色與圖案等，為人生上色。

想一次精通多種東西並不容易。你可以一次只做一件事，尤其是先做能讓你感到快樂的事。比如，如果你對繪畫充滿熱情，那麼只要學習繪畫就足夠了。如果你正在

學習繪畫技巧，你可以嘗試數位繪畫；如果你具有觀察力這一項才能，你可以把周圍看到或經歷的事情畫出來。當別人認可你的作品時，你會感到自己很有價值。你可以定期將作品上傳到許多人都能看見的社交平台上。

就算你沒有四個領域交集區，只有兩三個領域交集的地方也足夠了。例如，你的熱情與價值有交集，但缺乏技能與才能呢？

我一直夢想著有一天騎自行車環遊濟州島，我會努力練習騎車，提高技能，填滿最佳擊球點。這是因為我認為能獲得新體驗是有價值的，給予我充滿騎自行車的動力。

每個人都會有熱情、才能、技能與價值。如果你覺得沒有，很可能只是你還沒有發現或者有某些誤解，尤其是「價值」。要想出價值可能不容易，你可以花一點時間仔細思考，也可以詢問愛你並能客觀看待你的人，將他給出的答案作為參考。不管用什麼方式，你都需要練習準確地看見真實的自我、了解自己的情緒是如何變化的、是什麼動力驅使你前行。當你找到真實的自我，而不是別人眼中的你，你周圍的許多事

情都會發生變化。

當我找到我的最佳打擊點時，我意識到我應該提筆寫作。正因如此，這本原本只盤旋在我腦海中的書終於問世了。當我找到一個結合了我的熱情、才能、技能與價值交集的區域時，我就像在迷宮中發現了一顆指引方向的閃亮鑽石。我依稀察覺到我所擁有的與我實際寫出的，有著天壤之別。「寫出來」這一個行為，是將無形的精神世界轉化為肉眼可見的物質世界的第一步。

在眼前展開的夢想

願景板

夢想只有寫出來才會實現

你已經找到了你擅長,並能使你感到快樂的領域。一旦你知道了自己該做什麼,那麼就是行動的時候了。願景板能有效增進你的執行力。因為你能親眼看見自己的想法,就像是夢想在自己眼前展開。

二十多年前，學校指派了作業，在此我與大家分享，是九歲的我寫下的日記：

「我未來的模樣」：

1. 我要成為一名畫家，替小朋友和我的朋友畫好看的風景（畫）。
2. 我要替我的孩子讀童話書，成為一個好媽媽。
3. 我要當一個孝順的女兒，給媽媽零用錢。
4. 我要每天出去玩。
5. 我會幫助窮人。
6. 我要養小狗。
7. 我要成為鋼琴老師、美術老師和小學老師。
8. 我要留長頭髮。
9. 我要發大財。
10. 我要成為一個善良、漂亮又美好的人。

實際上我實現了多少個目標呢？雖然一開始我只是把這些夢想當成學校作業，模糊地寫了下來（不過我比別人寫得更具體）。但當我真心期許能實現這些夢想，並銘記於心時，它們不知不覺中都實現了。

當我成為一名小學教師後，我在黑板上替班上的孩子畫漂亮的畫，或者給父母孝親費或禮物的時候，我總是感到心滿意足。此外，從二十歲開始到現在，我一直在學習如何明智地教育孩子，夢想著建立一個美好的家庭。

但是，在我心目中的理想自我中，「善良、漂亮又美好」這一點卻難以實現。因為我不知道什麼樣的形象才能被稱為善良、漂亮又美麗。不過，也許答案就在我班上一名學生寫給我的便條紙裡。

老師好，我是耶娜。

第一次見到老師是三月二日。那一天對我來說很珍貴。在四年二班有這麼棒的老師和同學，真的就像做夢一樣。一開始對大家有點陌生，但我現在完全適應了。我覺

得老師真的很漂亮、很美麗又很有魅力。

我愛您。

這些夢想並不難實現，但如果我沒有把它們寫下來，沒有期望它們實現，我還能實現這些夢想嗎？我沒有強迫自己去追夢，然而，為了讓它們能長存心中，不從心中消失，我賦予了它們意義。

當我把它們製作成願景板的瞬間，它們就擁有「夢想成真」的意義。而有意義的事被實現的機率會大幅增加。這就是你應該製作願景版的原因。如果你有一些模糊的夢想，你可以從中選出幾個製作成願景板。在這個過程中，你的夢想會變得更加清晰。

我相信每個人都渴望實現夢想。當我們肉眼看到自己想做的事的那一刻，無論自己意識與否，我們的生活都會逐漸地實現它。夢想被你寫出來的那一刻就會開始實現。

日日小紀錄，實踐高效人生　142

你是否認為這些話都是老生常談？有可能。不，這就是老生常談。但這些之所以被反覆提及，是有原因的。因為實現夢想並不僅僅是體育明星或偉人的專利，每個人都有能力將自己的夢想變為現實。這就是正在閱讀這本書的你的故事。

製作方法

1. 在網上找到你想要的圖片。我推薦圖片網站 Pinterest。

2. 調整列印設定，將九張圖片設定在同一頁，列印出來。

3. 選擇要將圖片貼在哪裡。可以是大型色紙、軟木板或手杖。將願景板貼在每天都能看到的地方，如窗邊、床邊或房門上。

4. 將照片分類排列。我個人分成家庭、興趣愛好、遙遠的未來、想要的居家環境、兒時夢想等。

5. 每天看著願景板，描繪夢想。越具體描述你想要的生活越好。

將願景板化為現實的唯一方法

6. 自創符號標記你所取得的成就。你可以根據正在進行中的夢想與新的夢想分類，製作不同的願景板。

人所處的環境、身體狀況、情緒和意志時時刻刻都在改變，這會影響著我們。即使熱情高漲地想著「我現在就想去紐約」，但一兩天後，熱情可能就被澆熄了。因此，你要時常與內心的自己對話，告訴自己「我想做這件事。我總有一天會做到的。」

如果你能向其他人宣布你的決心更好。當然，一開始你會擔心「如果我大言不慚地說出口卻做不到怎麼辦？」但比起因為恐懼而連開始都不敢嘗試，你需要不顧他人的眼光，努力前行的勇氣。

我有一陣子經常喝酒，但從某一刻起，我意識到酒精對身心百害而無一利。為了

製作願景板時要考慮的事

你想去的地方、想擁有的東西、想成為的人、想學習的東西、想做的事、想演奏的東西、想見的人、想吃的東西、想讀的東西、想寫的東西、想拍下來的東西、想創造的東西⋯⋯

你想填滿願景板嗎？

_____
_____
_____
_____
_____
_____
_____
_____
_____
_____

健康的身心，我決心戒酒。當朋友邀我出去喝酒，我會找藉口脫身。不過，我的決心卻被打擊得潰不成軍，我抵不住氣氛，以及朋友「今天喝完，明天再戒」的慫恿，拿起了酒杯。結果，當我醉醺醺地回到家時，我對自己感到憤怒。我真的那麼缺乏自制力與意志力嗎？不，或許問題不在我，而是出在那些不尊重我的朋友嗎？

不管問題出在哪裡，我不希望戒酒就此失敗。所以，我在社交網站上上傳了文章——「我要戒酒！」出乎意料地，用大拇指就能輕鬆滑掉的那篇文章卻帶來了驚人的變化。想信守承諾的人不僅是我，就連我的朋友們也開始主動提議「既然你在戒酒，我們就不去喝酒，找些別的有趣的事做，如何？」甚至，也有朋友說「其實我也想戒酒。」還有，當我開始動搖時，有朋友會發訊息問我是否順利，給予我支持與鼓勵——換個立場想，如果我的朋友有想實現的夢想，我也一定會支持他。要是他失敗了，我會給予安慰，而不是責備。所以，請大聲宣布你的決心吧。

此生能看見極光嗎？

目標階段

目標階段

偉大的夢想對每個人來說都是遙不可及的。如果目光放得太遠，說不定連開始的勇氣都沒有。想像一下這裡有個階梯，一次爬上四個臺階是不可能的。但如果分四次，一次各爬一個臺階就容易多了。沒錯，就是如此。別忘了，我們過的是一步一步往上爬的人生。實現夢想時也是如此。

讓我們以前面找出的「我的最佳擊球點」為基礎，試著爬上目標階段吧。

首先，將最後一個臺階設為宏大、

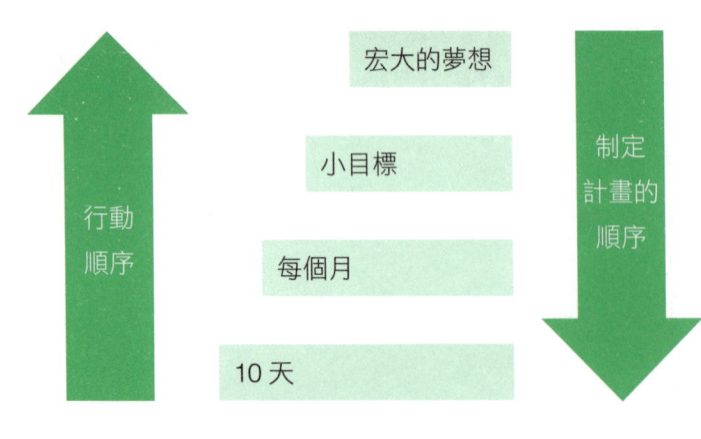

```
行動                    宏大的夢想                   制定
順序                                                計畫的
                        小目標                      順序

                        每個月

                        10 天
```

抽象又模糊的夢想。隨著你一階一階往下走，你會逐步完善那個夢想。也就是說，你要朝著下階梯的方向制定計畫，朝上階梯的方向行動。每個人的夢想大小不同，但最好設定一到三年內能實現的、可衡量的具體目標。它現在可能還很模糊。讓我們繼續細分它。

思考一下，為了實現小目標，你可以做哪些事。

我建議你制定一個月內可以實現、可行的目標。由於可能會有很多意想不到的情況發生，因此你應該根據你的個人日程去設定。依照自己的情況將每月目標分成三部分，如此一來，階梯就完成了。階梯越小、越高就越好。這意味著計畫最好細分詳細。

例如，我的宏大夢想是⋯看極光。

日日小紀錄，實踐高效人生　　148

> 遠大的夢想：看極光

> 小目標：三年內去看極光
> （申請極光旅遊費的專用存摺）

> 每個月：研究極光相關資訊
> （地區、費用、交通工具）

> 10 天：調查看得到極光的地方

現在讓我們從目標臺階往下走吧。「三年內去看極光」是一個小目標。為了實現這個小目標，我需要極光相關資訊，而我打算花一個月的時間了解極光相關資訊。我將需調查的資訊分成三個方向：第一、哪裡能看見極光？第二、需要多少錢？第三、我該如何到達那裡。

現在，我只需朝著我的夢想攀登臺階就行了。我決定從今天起，給自己十天的時間去查找能看見極光的地方。

極光——我長久以來的夢想與憧憬。現在感覺似乎觸手可及，我彷彿真的能夠親眼欣賞它。這一切都是因為我相信〈日日小紀錄〉、願景板以及目標階梯的力量。

149　Part 2 ｜ 制定目標與實踐的方法

我將印出的極光照片貼在願景板上。當有人問我的夢想是什麼時，我大方宣布：我想去看極光。然後，有人送了我一本關於極光的書，另外有人提議一起踏上極光之旅，並且給出了具體的日期。

我在〈日日小紀錄〉中，寫下了「搜尋能看得見極光的地方」計畫，並且在浩瀚的網路世界中尋找資訊（沉浸），不迷失方向。我不斷地回顧自己，檢查自己是否仍穩步向上攀登臺階，抑或已經攤坐在地（回饋）。

儘管我還沒能親眼目睹極光，但我深信未來三年內，我一定能實現這個夢想。

Part 3

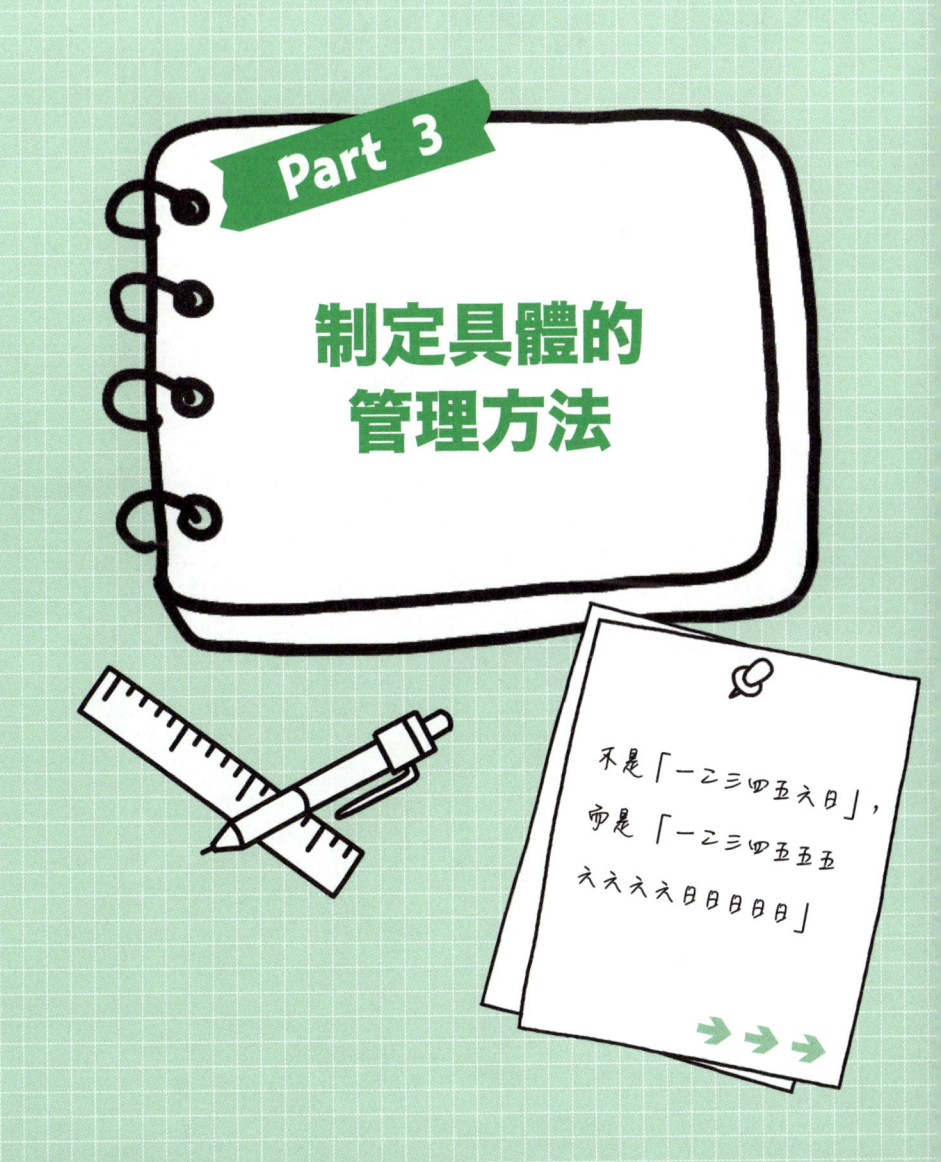

制定具體的管理方法

不是「一二三四五六日」，而是「一二三四五五五六六六六日日日日日」

時間管理法

內化與例行事項

當有人突然問「四乘以五」時,你會不假思索地回答「二十」。但我們從一開始就知道這個答案了嗎?起初,我們利用了四根手指頭加五次的算法學會了乘法,再背九九乘法,逐漸熟悉它。

這個過程用稍微複雜一點的詞語來描述就是「內化」。這個詞可能有點陌生,你有可能是第一次聽到。內化意味著「某種思想、意識型態、理論等變得根深蒂固,成為我們自己的」。它與「熟悉」類似,但超越了熟悉,而是使

某事物完全融入自己，徹底變成我的東西。

二〇二一年，我擔任了一年級的班導。開學典禮那天，孩子們急匆匆地到教師辦公室找我，喊著：「老師！桌上有一個洞！」我急忙跑去教室一看。原來孩子們口中的「洞」，指的是放教科書和文具的書桌抽屜。孩子們不懂的事情太多了，讓我對接下來的一年感到非常憂慮。

整個三月，我教了他們一些非常基本的事情，比如如何正確握筆、怎麼使用筷子、怎麼保持洗手間的清潔，還有課堂規則等。孩子們僅花了一週就熟練掌握。到了一年級快結束時，我發現即使我暫時離開教室，孩子們也能自然而然地維持教室秩序。

形成內化的方法很簡單，就是頻繁實踐。如果難度太高就會難以堅持，所以最好設定一些簡單且每天都能做的事。比如說，我想改善自己的坐姿，但因為總是忘記，因此，我決定每天寫〈日日小紀錄〉時都要保持端正的坐姿（我現在的坐姿對比之前已有了很大的改善）。

換句話說，你為自己建立了一個日常規律。你可能有過這樣的經驗：假日或週末想睡晚一點，卻在平時起床時間自動醒來。這是因為身體已經習慣在那個時間起床。如果你將每日早起的習慣「內化」，身體就會自然而然地按照這個規律行動，形成良性循環。

如果你還不習慣每天遵循固定的規律，可以先嘗試建立每週例行事項。在特定的日子裡執行特定任務。

例如，我決定在週末一定要安排寫作時間。在週六與週日之間，我選擇了週六，而不是週日；而在週六上午與下午之間，我選擇了上午，而不是下午。如此一來，我建立了一個每週例行事項：「每週六上午花三小時寫作」。你可以透過這種方式建立日常例行事項，像是每週一早上一定要做某事；每週五下午一定要制定下週計畫等。

你還可以建立一些長期例行事項，並且信守月度、季度、年度與自己的承諾。

假如你建立了一個年度例行事項：每年十二月一定要進行〈日日小紀錄〉的年末總結。那麼從一月到十一月，你就無需擔心它。記得嗎？目標必須要有可實現的樂

趣。就算你只在十二月做一次，也算是遵守了規律。又比如，如果你制定了一個季度例行事項：每年春天參加馬拉松比賽，那麼你只需在三到五月之間實現它就可以了。看，這樣是不是減輕了很多壓力？

當你從季度例行事項到月度例行事項，再從月度例行事項到每週例行事項，逐漸地，你會自然而然地內化每日例行事項。

我習慣週五晚睡。因為我總覺得週五夜是週末的開始。結果，每逢週末都感到疲憊不堪。為了改變這一狀況，我設定了一個每週例行事項：「週五晚上十點三十分之前就寢」。每週只需執行一次，不算太難。在成功與失敗之間來回約莫三個月後，我總算能在週五晚上早點入睡。當我習慣了這種規律後，我又在沒有約定的週六晚上制定了閱讀與寫閱讀筆記的例行事項。透過這樣的重複，我養成了每晚閱讀與早睡的習慣。形成日常規律的方法是，制定大框架，再根據具體情況進行調整，就能輕鬆完成。

一旦你熟悉了日常規律，你就可以進一步制定更具體的例行事項。我稱之為「部

155　Part 3　｜　制定具體的管理方法

分例行事項」,像是「抹基礎保養品的順序」、「打掃衛生的順序」、「服用保健食品的順序」等。

這些習慣看似瑣碎又麻煩,但一旦設定好了,未來,時間將成為你的盟友,你的工作效率也會提高。

例行事項與內化並不是要在你忙碌的日常生活中增加一項任務,相反地,它們其實是在減輕你的負擔,並送你一份大禮。那就是時間。

請再回想一下九九乘法表。當有人問你「四乘以五」,而你不懂九九乘法表時,你可能需要花二十秒將四根手指折五次,進行加法運算。但如果你已經將九九乘法表內化了,僅需零點二秒就能答出「二十!」,你就省下了十九點八秒的時間。你就能利用這些時間去做你想做的事。

儘管萬事起頭難,但隨著努力與時間的積累,終將迎來變化時刻。在不久的將來,你所追求的事物將成為構成「你」的重要元素。

善用週末的方法

我在求學階段,在假期和在週末時,往往會讓我變得懶散。因為我覺得時間很充裕,便會更加從容。有時候,我平日一天做的事甚至比週五、週六和週日加起來多。這樣子過了一段時間,我總覺得哪裡不對勁,覺得自己浪費了時間,心情很差。如何才能善用週末呢?

首先,制定一個控制機制很重要。如果早上有必須要完成的任務,即使再困難和麻煩,也會促使你起床。早上能安排的活動有晨泳、去補習班、晨間讀書會等活動。

其次,善用〈日日小紀錄〉也很有效。我們通常會把「星期六」想成是從早到晚的整天時間。然而,如果你寫〈日日小紀錄〉,你會發現扣除睡覺時間,真正的星期六只有十六個「一小時」。與平日工作或讀書只有三小時的個人時間相比,每週六擁有相對充裕的時間。如果你有利用〈日日小紀錄〉,以每小時為單位制定計畫的話就能避免懶散,掌握機會,利用充裕的週六日。

我們都曉得如何度過週六與週日會深刻影響週一的身心狀態，甚至波及整週。如果你寫〈日日小紀錄〉的話，你就能親眼見證這個週末如何度過，下週一至下週五的實際執行任務與投入度有多大的不同。

最後，我認為你要把週末視為與平日一樣，是相同的一天。在我們的觀念中，「平日是讀書或工作的日子」、「從週五開始就可以休息了」、「放假是玩耍的日子」，這樣的想法已經根深蒂固。我們從小就這麼認為，所以會這麼想是很正常的。

然而，我將所有的日子看成是「連續的每一天」，而不分平日、週末與假日。每天都是從清晨開始，到傍晚結束，它不是個我們能睡懶覺或浪費時間的特別日子。如果你能設定這樣的基本心態，絕對不會度過無所事事的假日，也不會浪費時間。從現在開始，不要再認為是「一二三四五六日」，而是成為「一二三四五五六六六日日日日」。

日日小紀錄，實踐高效人生　　158

努力不懈的祕訣

有一位朋友問我,是什麼讓我擁有持之以恆,並立即實踐的力量?我回答說「是我的心」。歸根究底,能支持你堅持與毅力的是對某事的渴望有多強烈(因此,我們都應該做自己想做的事)。

換言之,有渴望就會有動力;如果沒有,你就要思考你必須要做那件事的原因。如果你想不出原因,那就不必做了。如果你認為現在不做,日後會後悔,一定有令你後悔的原因。既然有原因,那就去做吧。

從一開始,每天寫一篇部落格對我來說並不容易,但是部落格逐漸在我的生活中占據了重要地位。它既是我的日記,也是我能敞開心扉的空間,是我與他人交流的地方,是獲得新資訊的管道,是發現未知自我的地方,是我從在意他人視線變成完全做自己的地方。這是我能持之以恆的原因。

有些情況是,即使你有強烈的動力,你也很難堅持到底。當我發現自己難以專注

或感到迷茫與困難時，我會採用番茄工作法（Pomodoro Technique）。這是一種專注工作二十五分鐘，再休息五分鐘的方式。通過這種方法，即使是容易放棄的任務也能透過適當的休息恢復專注力。

如果你想持續實踐某件事，最好打造能方便進行，也容易進行的舒適環境或方法。

做或不做，哪個更容易？哪個更困難？這可能因人而異。對我來說，「不做」更難。不喝酒、不即興約朋友見面、不躺在床上真的很困難。因此我選擇了相對容易的「做」。每天早起、每晚運動、和朋友見面、學校工作結束後處理完個人事務再下班等，這些對我來說都比較簡單。如此一來，我自然而然地遠離了那些不該做的事。

奇蹟之夜

我將鬧鐘設定在早上七點，它反覆響起後，我會按掉它，直到大約是七點三十到

四十分左右才真正起床。我在半夢半醒中洗臉刷牙。因為時間緊迫，無暇思索穿什麼，所以我會選擇眼前看見的舒適衣服。勉強趕到上班地點，開始忙碌地工作。一下班，為了給予忙碌的一天獎勵，我會選擇玩遊戲放鬆或是躺下、與朋友見面或做完家事後疲憊地入睡，結束緊湊的一天。這是我以前的樣子。

我記得我二十一歲時有段時間迷戀拿破崙的故事。我偶然在 Facebook 上看到一篇關於拿破崙一天只睡四小時的文章。原來人可以只睡四小時，那我現在花在睡眠上的時間太可惜了吧。想到像拿破崙那樣在戰場上衝鋒陷陣，身心比我更加疲憊的人卻只睡四個小時……。

我深受啟發後，開始每天只睡四小時。這期間，我也無例外地使用了〈日日小紀錄〉。我每天早上七點起床刷牙洗臉，整理房間，簡單吃完早餐後，預習當天要學的科目，如果有剩餘時間就看書。從早上九點開始上課到晚上六點，我利用空閒時間打工或預習、複習功課。中午在便利商店吃三角飯糰，再回到宿舍讀書。晚上七點到九點的輔導活動結束後，我終於能回到住處。

那時候，我會故意騎自行車繞道而行。如今回想起來，騎自行車感受涼風的時光，大概是我一天中唯一的休息時間。回到宿舍後已經很晚了，晚餐通常用微波爐加熱冷凍餃子打發。晚上十點到凌晨兩點是寫作業與準備上台報告資料的時間。我花在作業的時間上很多，因此作業的品質很高。

我大約凌晨兩三點就寢，我會看著手錶並計算自己擁有多少睡眠時間，有些日子睡五小時（比拿破崙多一小時），有些日子睡四小時（和拿破崙一樣），還有些日子則是三小時（拿破崙都睡四小時了，睡三小時有點少了，不是嗎？）後來我習以為常，甚至不覺得睏，認為憑藉意志力能做到任何事。

我的人生看似一帆風順，然而，過了一年只睡四小時的生活後，我出現了後遺症。在之後的幾年裡，我每天都要像死人一樣熟睡九小時才夠。

近幾年，掀起了「奇蹟早晨」（miracle morning）熱潮。與「奇蹟」的意思相反，奇蹟早晨反映了現代人的複雜心情。因為工作或其他突發事件，晚上很難專注自己想做的事，靠著早起享受屬於自己的悠閒時光，真是太幸福了。

我曾嘗試效法一些名人，提早幾小時起床，但這反而使我更加疲憊。作為一個愛睡懶覺的人，早起太累了，而且不知為何早起帶來的心理壓力，導致那一天感覺更加疲憊。即使我正在寫一本關於時間管理法的書，實踐「奇蹟早晨」對我仍然有些困難。看到那些能輕鬆早起的人，我都深感佩服與尊敬，也為自己追不上他們而感到沮喪。

儘管我深思熟慮後下定了決心，但我還是屢屢失敗。直到那時，我才明白了一個簡單的真理——奇蹟早晨的關鍵其實是奇蹟之夜。

我試圖將就寢時間提前二十分鐘，也提早二十分鐘起床。起床後，我嘗試做一些新的事情，像是閱讀或運動。

夜晚是大腦將前一天輸入的資訊輸出（output）效率最高的時間。大多數的情況，白天處理的效率要高於夜晚。

早晨是大腦輸入（input）資訊的時間。睡眠則是主動儲存資訊的時間。相反，

擁有一夜好眠，才能在清醒時進行有益的活動。現代人普遍睡眠不足、失眠，即

使入睡睡眠品質也不好。如果讓我個人挑選一天中最重要的時間，我會選擇睡眠時間。奇蹟早晨其實從前一晚就已經開始，愉快地早些上床，是第二天早起、享受悠閒早晨的關鍵。

現在我按自己的意願開始新的一天。當鬧鐘響起時，我會立即喝掉放在床頭的水，喝水能讓我的身體逐漸甦醒。然後，我會雙手交叉，伸展身體。當身體開始清醒後，我會做一些躺式伸展運動，再進行坐式伸展運動，最後是站立伸展運動。完成這些後，我會自然而然地起床，而無需刻意說「哎呀，該起床了」。最後，我會用熱水澡放鬆夜晚僵硬的身體，再開始新的一天。在洗澡的時候，我會思考早上要做的事情。如果時間充裕，我會閱讀或做一些與我夢想相關的事情。

正常情況下，我會吃完早餐，提前十分鐘換上整齊的衣服，出發上班。到了公司，先整理辦公桌，寫〈日日小紀錄〉，循序漸進地進入工作狀態。因為我按照順序完成工作，所以會節省出更多時間。我會把多出的時間用來提前完成其他任務。下班後，我會大快朵頤一頓，並執行〈日日小紀錄〉裡的計畫。到了就寢時間，我會喝一

杯牛奶,滿足地上床睡覺。

進行奇蹟之夜的方法

〈準備階段〉

1. 白天盡情消耗我的體力與活力。漫無目的地度過一天和集中身心度過的一天,必然迎來不同的結束。奇蹟之夜的準備階段就是如何度過白天。

2. 打造一個能容易入睡的環境。就我而言,觀看安靜及溫暖的影片時會讓我迅速入睡。有些人需要柔和的燈光才能入睡,有些人則需要完全黑暗才能入睡,而有些人要室溫較低才能入睡,有些人則偏好室溫較高的房間。

3. 睡前不要做任何會喚醒身體的行動。人體內有神經系統,分為交感神經與副交感神經。白天活動、運動或看見好看的異性時,會促使交感神經活躍。相

反，當處於舒適的環境或恢復疲勞時，副交感神經會發揮作用。那麼，在我們入睡之前應該刺激哪些神經比較好呢？答案顯然是副交感神經。它能緩解緊張，使我們放鬆。然而，如果在睡前做激烈運動、喝咖啡等會刺激交感神經等的事情，即使上床，你的眼睛也會炯炯有神，心跳加速，睡不著覺。

《實踐階段》

1. 早睡。如果你計劃晚上十點三十分上床就寢，那麼最好提前三十分鐘到一小時完成就寢準備。拖到越晚，就越覺得洗澡麻煩，而越覺麻煩，睡覺的時間就會越晚。

2. 營造舒適與愉悅的感覺。躺上床時，請與所有俗世煩惱揮別吧。如果你的腦海中浮現了不愉快的事，也不要被那些感覺影響，而是嘗試想像自己遠離它們。可以想像一些舒適的畫面或回想一些正面的話語。

3. 放鬆身體。我們的身體會在無意識中用力。試著放鬆全身，感受身體的重量

日日小紀錄，實踐高效人生　　166

往下沉。如果這樣還是睡不著,我建議你逐一放鬆每個身體部位,從腳底開始,慢慢地思考並放鬆身體的每個部位。放鬆一個部位後再轉向下一個部位,就能很快入睡。一旦習慣了這個練習,下次你只需想到腳底,你就會立刻入睡。

4. 如果無法入睡,保持閉眼狀態也是不錯的選擇。就算嚴重失眠或考試前夜難以入睡,我也建議你不要做其他事,閉上眼睛就好。

當你睡了愉快又舒適的一覺,每天都將是一個奇蹟早晨。

一天管理法

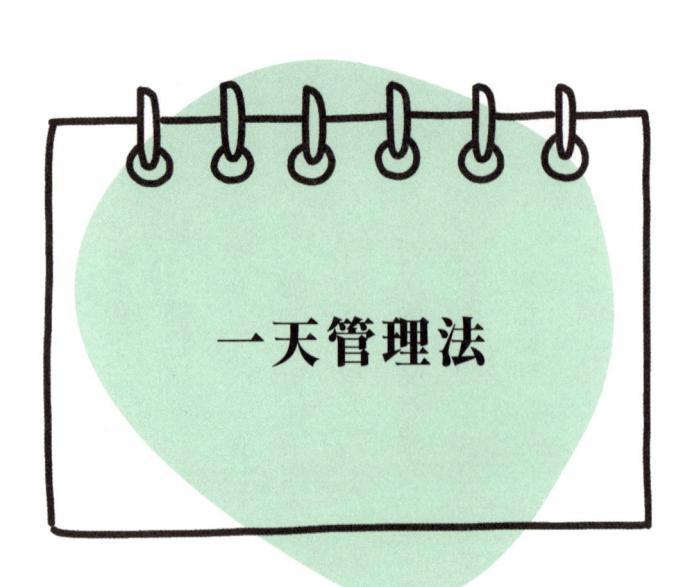

接下來，我會介紹四種方法，幫助你度過健康又開心的一天。吃得好，積極運動、保持周圍環境整潔以及擁有獨處時光，這些都能幫助我們擁有清晰與積極的心態與健康的身心，更好地實現自己設定的目標，包括你之前想完成的任何事。

好好吃飯

我奶奶常說：「你到底在做什麼偉大事業，竟然捨不得花時間吃飯？你在拯救國家嗎？吃飯皇帝大，一匙飯能改

變一個人的想法！」

不過我曾經非常討厭吃東西。當我仿效拿破崙時，我覺得把時間、金錢和精力花在吃飯上太浪費了。外出用餐，點菜、等飯、吃飯。親自下廚也很費神，吃完以後要收拾碗盤，身體也會有進食後的沈重感。我真的很討厭那種感覺。所以我吃飯只求餓不死。

結果，我的身體開始出現了問題，就像身體對我發出了求救信號：「給我吃的吧，給我好吃的，救救我。」我開始感到眩暈，世界似乎在旋轉，當時我認為我必須活下去才行，因此開始認真地一日三餐，均衡飲食。

有時我只圖方便吃外食，結果體重增加；有時，我學別人只吃雞胸肉，結果變得瘦骨嶙峋。我意識到這樣不行，開始尋找適合我的飲食食譜，偶然間發現了韓國衛生福祉部的「食品構成自行車」。

169　Part 3 ｜ 制定具體的管理方法

食品構成自行車

每天均衡攝取新鮮蔬菜、水果、穀物類、肉、魚、雞蛋、豆類、牛奶、乳製品,並喝充分的水與進行有規律的運動以維持健康的體重。

資料來源:健康福祉部、韓國營養學會。2020韓國人營養素攝取活用研究,2021

從食品構成自行車的面積可以看出,蔬菜類的面積和肉類一樣大。這對平時少吃蔬菜,多吃肉、海鮮、雞蛋與豆類的我是一大啟示。

此外,我發現沒有必要過分計算熱量或營養一日攝入量。只要考慮是否均衡攝取穀類、肉類、魚類、蛋類、豆類、蔬菜類、水果類、奶類與乳製品、油脂、糖類,就足以確保飲食的均衡性。

吃完一頓飯後,你可以反思一下你吃進去的食物,是否符合食品成分自行車組成要素。

「順便」運動

我的運動神經並不發達，學生時代，體育課是逃不掉的必修課，那真的讓我很累。長大之後，除了特殊情況外，我再也不用因為運動而流汗，感覺非常好。

然而，不知從何時開始，我時常感到鬱悶和沈重的心理壓力。那時我想起了運動。然而，因為我這輩子從沒主動做過運動，不知道正確的姿勢與方法，我很擔心，不知道怎麼開始。如果去健身房，會感覺所有人都在看我；如果去游泳池，會因視力欠佳，看不清楚而感到不方便。總之，我替自己找了很多不能運動的藉口。

我昨天吃了放了很多洋蔥的辣炒燉雞，還有熱騰騰的白米飯。吃了飯，代表攝取穀類過關！吃了雞肉，代表肉類、魚類、蛋類和豆類也過關！吃夠洋蔥，代表蔬菜類過關！燉雞料理過程放了油和糖，所以油脂和糖類也過關。然而，我還沒有吃水果、牛奶與乳製品。這時候，我去超商買優格和水果當零食就行了。

171　Part 3│制定具體的管理方法

最後，我在家裡看Youtube影片，並趁家裡沒人的時候學著做。我很感激能生活在這個能在家運動的二十一世紀文明時代。儘管我仍然不確定自己的姿勢正不正確。對我來說，在舒服的家裡做運動、或是特地抽出時間做運動，兩者都不容易。於是我開始使用「順便」法。比方說，上樓的時候順便爬樓梯；要走路的時候順便跑步；去上班的時候順便騎自行車。

「順便」策略取得了成功。原本我以為運動會消耗體力，讓我癱軟無力，但實際上我感覺自己的體力變得更好了。一場大汗淋漓的運動之後，我感覺體內毒素都隨著新陳代謝排出體外，皮膚也變得更好。另外，我每天能做的運動量不斷增加，力氣也變大了。這令我感到驚訝。如果我上週跑了三分鐘，這週我會嘗試跑四分鐘，下週則打算挑戰五分鐘。最重要的是，我不再感到憂鬱。

大概就是這個時候，我開始在〈日日小紀錄〉中記錄每天喝水量與運動量。簡單記錄每天喝了多少水，做了哪些運動。

我至今仍對運動了解不多，也不擅長。不過，運動已經成為我情緒穩定與健康不

日日小紀錄，實踐高效人生　172

按慣例打掃

我曾認為打掃是一件極其消耗精力的工作。那時的我能輕易列舉出十種以上打掃的缺點。

打掃不是一次就能結束的，今天、明天、一輩子都要打掃。對乾淨整齊的追求，是永無止境的，需要的時間也是無限的。打掃後，我常常發現自己精疲力盡，無法做其他事情。

我原想減少打掃的時間，轉而做一些對我的發展有幫助的事。因此，只要三天不動手打掃，我的屋子就會像我媽所說的一樣，變成像豬圈一樣亂糟糟。這樣的我卻突然下定決心要打掃環境。

想是因為我沒有打掃收拾的天分。坦白說，我會這麼數一數二的超強打掃王，也不會有人表彰你。即使你是全世界

在某一個平凡無奇的早晨，我像往常一樣洗臉刷牙走出來，看見房間地板上散落

可或缺的要素。今天，也穿上運動鞋去跑步吧！

著我穿過的衣服和毛巾，我感到非常不開心。當我準備外出時，找不到我需要的物品更是讓我焦慮。我曾認為把物品歸位是浪費時間，然而，在急著赴約的情況下尋找那些東西所花費的心神與時間，更讓我覺得可惜。

即使我睜一隻眼閉一隻眼，假裝不知道與不在意。但當沮喪感襲來，看著凌亂的房間只會讓我更憂鬱與嘆息。當周遭環境不整潔時，無論做什麼都會感到不安，因此，我下定決心。要開始打掃！

雖然我豪氣萬千地宣布決心，但終究是三分鐘熱度。我試著像鍛鍊身體一樣，實際動手打掃。然而，卻不知道從何著手與如何進行。於是，經過深思熟慮，我想到了使用清潔服務。起初，我對花錢請人打掃感到猶豫，但考慮到自己的能力和環境都不適合，如果請人打掃能令我獲得滿足感，那便足矣。就這樣，我享受了相當長一段的安逸生活。我感謝清潔專家提供的服務，為我帶來了寬裕的時間與放鬆的心情。

然而，隨著時間的流逝，出現了兩個大問題。第一，清潔服務的價格漲得比我的薪水要高；第二，自從接受清潔服務後，我意識到我的房子可以變得如此乾淨，因此

日日小紀錄，實踐高效人生　174

在不打掃的日子裡，看著髒亂的房子更加難受（如果不是第一個問題，我會每天都安排專業打掃）因此，我再次下定決心。借鏡過去的失敗，開始打掃！

現在我安排了一週的打掃計畫：週一打掃玄關與陽台；週二打掃廚房；週三打掃洗手間；週四打掃臥室與擦拭窗框；週五整理衣物間，擦拭書架與櫃子上的灰塵。果然，只要將任務細分，我就能順利完成（這是前面介紹的每週例行事項）。

為了適應尚未「內化」的打掃習慣，我特地規劃了一些空間，決心無論如何都要保持那個空間的整潔。這對於維持我的健康與清晰的頭腦至關重要。

清潔對我是一向挑戰，但我絕不言棄是因為，我深知一旦忽視它，我的生活將會陷入混亂。在這個有許多事務都需要花費心思的世界，我不能將精力浪費在雜亂無章的空間上。你的房間現在是否乾淨整齊呢？

度過私人專屬時間

二〇一三年,「私人專屬時間」（me-time）一詞被新增入英國牛津辭典中。從直觀上理解,會認為它的意思是「我的時間」,但辭典對其的定義更為深入:

Time when a person who is normally very busy relaxes or does something they enjoy.

1. 通常是非常忙碌的人,2.休息,3.做自己喜歡的事的時間。

私人專屬時間的前提是:「非常忙碌的人」。每天遊手好閒的人不可能擁有私人專屬時間。我認為只有那些全身心投入每一天,花時間經營有生產性與充實的生活的人,才能擁有「私人專屬時間」特權。

正如定義所述，私人專屬時間裡可以做兩件事：一是休息，一則是做讓你快樂的事。

那麼什麼是休息呢？休息的意思就是暫時停止活動，以獲得喘息的時間。「休」字由人字旁與木結合而成，讓人聯想到一個人靠在樹上休息的模樣。「息」字則由自與心結合而成，象徵空氣通過鼻子進出身體，令心臟跳動、呼吸的過程。

在一天之中，休息時間至關重要。然而，真正的休息和虛假的休息有著明顯區別。當我虛假休息時，我會習慣性地躺下滑手機，通常會看演算法推薦的 Youtube 影片與短影音，不停地接收不必要的資訊，或是心不在焉地聽著、看著那些過一會兒就會忘得一乾二淨的資訊。

反之，當我真正休息的時候，我不會看手機、筆電、電視，甚至也不讀書。散步時不帶手機，只是在家周圍散步。曬太陽、感受著微風。我用溫水洗澡（我特別喜歡用蓮蓬頭水柱灑在後頸五分鐘）。我還會穿上舒適的衣服，進行冥想。有時，我只是閉上眼睛，靜靜地冥想一分鐘。真的非常平和。

為什麼虛假休息的我和真正休息的我會有如此大的不同呢？

177　Part 3　制定具體的管理方法

如果你反應夠機敏，一定會立刻想起〈日日小紀錄〉。我在〈日日小紀錄〉中記錄了每日手機使用時間，靠著手機鎖定應用程式的幫助，強制自己不使用手機。此外，我將臥室、生活和工作空間徹底分開，改掉了習慣性躺下的習慣。如果真的太疲倦的話，我會小睡三十分鐘。

最重要的是，我非常注意以三十分鐘為單位的整點時鐘。

想像一下，假使休息到一半想起了要做的事。看一眼時間，是二十七分。那種再等三分鐘，三十分再開始進行這個任務的衝動會油然而生，我最警惕這種想法。因為那三分鐘會變成十分鐘；十分鐘變三十分鐘。當分針指向五十六分時，我會說想著「我一定要在整點起來」然後再次拖延。這既不是休息，也不是不休息。

不一定要在整點才能開始。這是真的！立即行動才是最關鍵的。如果你計劃的時間到了就必須無條件地立刻行動。如果不這樣做，就會進入「真正的休息模式」。與其把時間浪費在虛假休息，感到不舒服，不如計劃好真正的休息。哪怕一天中只有十五分鐘，也要安排散步時間放鬆身心。一天即使少了這十五分鐘也不會有問題的。

日日小紀錄，實踐高效人生　　178

在私人專屬時間裡,休息的目的除了恢復體力之外,還可以做一些令你快樂的事情,包括一直想做的興趣愛好,或是約喜歡的朋友相聚。

以下是我度過私人專屬時間的方式:

- 和姐姐一起去露營,吃羊肉。
- 用黑膠唱片機重複播放我喜歡的音樂。
- 一個人去KTV唱歌。
- 在家門口散步,感受夜晚寒冷的空氣。
- 用各種文具裝飾手杖。
- 重看喜歡的電影。哪怕已經看超過了三十遍也無所謂。
- 把做好的料理精緻擺盤,再優雅用餐。
- 穿著飄逸的洋裝去咖啡廳閱讀。
- 發薪日去麵包店買麵包時不計算支出。

179　Part 3 ｜ 制定具體的管理方法

你是如何度過療癒時間的呢？試著詢問其他朋友如何療癒，描述自身經驗，分享療癒的方法，這些將有助於你思考。

以下是牛津辭典的例句：

Me time needs to be part of your regular routine.
私人專屬時間應成為你日常的一部分。

私人專屬時間是專屬於自己的時間。每個人人生中至少會出現一次過勞（burnout），尤其是對於那些沒有休息時間，不停地奔跑的現代人更是如此。當我第一次使用〈日日小紀錄〉時，為了更加妥善利用時間，我經常會制定了緊湊並完美的日程表。當然了，在最初的幾天很有效，但隨著一週、一個月過去了，我逐漸適應的同時也感到了壓力。我需要休息的時間，但因為我連休息時間都要規劃，所以我從未真正安心地休息過。越是這種時候，我越需要私人專屬時間。

你可以將私人專屬時間定為一天，或是只抽出三十分鐘也可以。聽音樂、讀詩

日日小紀錄，實踐高效人生　　180

詞、照顧盆栽都是不錯的選擇。還可以冥想、打掃，或是散步到咖啡廳發呆，享受一杯咖啡再回家。讓私人專屬時間豐富我的日常生活，預防過勞到來，幫助我們保持最佳的專注力。

心靈管理法

人若能隨心所欲地掌控自己的心該有多好,然而,人生往往事與願違。在消極的時候,是不會想起書店心靈勵志書籍中寫的「要積極思考」。每個人都有過意志消沈的一天。每當那樣的日子,本該順利的事變得不順心,本來想做的事情也全都提不起興趣。以前能夠發揮100%能力的事情,偶爾會受心情的影響,有時只能發揮70%。雖然誰都不想被情緒左右,但作為人,受情緒影響是不可避免的。

最後，我想送給你一份禮物，那就是在我難過的時候保護我的「心靈管理法」。

寫下我的情緒

當我情緒不佳時，通常會有一個決定性原因。儘管偶爾也會無緣無故地感到不快。每當那種時候，我會停下手頭的一切，拿起筆隨意塗寫。

如果有一個明確的原因，我會寫下該事件的過程、起因、情緒及一切細節。寫出來能讓我更客觀地看待它，並想到解決方法。此外，如果沒有具體原因卻感到不快，寫出來有時也能幫助我發現之前未意識到的原因。

不管是否有具體原因，當我將情感傾訴於紙上時，那份強烈的情緒就似乎從我的身體排出，剩下的情緒也在某種程度上得到了整理。有時候，要全部整理好情緒並不容易，但隨著我不斷地觀察自己的心情，總有一刻會重新找回內心的平靜。

有時，當我感到壓力太大以至於難以寫出自己的想法時，我會抄寫一些名言佳

句，或是模仿他人工整的字體。在此過程中，我的心情會逐漸變得平靜。我不僅會在情緒不佳時書寫，也會在不知如何是好的時候書寫。當有令我擔憂的事無法專注時，也是一樣。一張紙和一支鉛筆就足夠了。

不管什麼都好，
請試著寫出你的情緒

_____
_____
_____
_____
_____
_____

信手塗鴉也無所謂

_____
_____
_____
_____
_____
_____
_____

收集幸福

我「收集幸福」。雖然希望幸福時刻能永遠持續，然而，這些時刻通常會隨著時間的流逝而被埋沒或是被遺忘。

因此，我會記錄下那些我感到幸福的珍貴時刻。即使只是一件小事，只要記錄下來，不僅在寫的時候心情會變好，這些記憶也會在心中留存更久。

當我覺得有不好的事情要毀掉美好的一天時，或是當我感覺不快樂時，我會迅速地翻閱之前我收集的幸福，品味著記錄下的幸福時，原本喧鬧的心靈就會逐漸平靜下來。讓我們多收集些微不足道的幸福，隨時享受幸福的感覺。

以下是我收集的幸福：

- 吃到美味的烤蝦時
- 在週末早上晾一晾剛洗好的棉被時

- 在光線合適的靜謐空間閱讀時
- 在大冷天回到家,立刻鑽進被窩所感受到的溫暖與舒服時
- 運動時做到了過去做不到的動作時
- 在教育廳留言板上出現讚美我的文章時
- 成功地與外國人進行第一次交談時
- 用陶笛演奏我喜歡的歌曲時
- 用油粉筆畫出漂亮的銀杏樹時
- 朋友們問我新買的復古打字機是哪裡買的時
- 在二手網路平台買到了十張便宜的黑膠唱片時
- 和姐姐去露營,開BBQ派對時
- 樓下鄰居幫助我時
- 做了聖誕樹,裝飾在大門前時
- 媽媽說我穿著打扮好看時

遵循循環法則

- 組裝好新買的桌子時
- 參加「緊急教育夢想露營」的故事募集活動被選中，獲得「夢想名片」時
- 生日那天收到了能掛在大樹上休息的吊床禮物時
- 買了一個能抱著睡覺的長頸鹿娃娃時
- 用漂亮的茶杯泡茶喝時
- 媽媽寫信給我時

我管理心靈的第四種方法是：遵循循環法則。每年當我接手新學生時，我都會教他們這一個方法。以讀書為例，內容如下：

〈讀書的良性循環法則〉

我覺得我是讀書的料。
開心。
自己循序漸進地學習。
成績有某種程度的進步。
得到父母或老師的讚美和鼓勵。
覺得讀書很有趣,很開心,心情很好。
我覺得我能做得更好。
制定讀書計畫,高效學習。
成績進步了。
即使成績原地踏步,但今天的讀書依然是有意義的。

〈讀書的惡性循環法則〉

我好像不是讀書的料。
心情不好。
我討厭讀書,但父母和老師卻一直嘮叨。
不讀書或勉為其難地讀書。
成績沒有進步卻也沒有退步。
我覺得我沒有讀書的天分,以後也不會想讀書。
我不知道我為什麼要讀書,也不覺得讀書有趣。
不再讀書。
成績更加下滑。

最近一週、一個月、三個月，感到幸福的事

請回想一下幸福的時刻

成長的人生

我上大學的時候,和前男友曾有過一次大吵。當時我認為江山易改,本性難移,因此很難原諒對方的錯。

「你下次一樣會那樣做。人是不會輕易改變的。」那個人說:「我某種程度上同意你說的,但我希望你能稍微換個角度想。我相信人有兩種思維方式,固定型思維和成長型思維。我是有著成長型思維的人,我相信我自己能改變,而且我也會改變。」

儘管以積極的心態開始並不代表最終會取得成功,不過,大部分我教過的學生只需稍微改變消極思維,就會創造出截然不同的結果。我們這些心中住了個純真孩子的成年人也沒有什麼不同。因此,我每天都不吝於讚美學生。「我很開心又開始了新的一天。讓我度過充實又幸福的一天吧」,而不是「啊,煩死了」、「好累」、「我不想要上班」。能這麼做的話,結果肯定會有所不同。早上醒來時,你應該說

聽到這些話的時候，我有如醍醐灌頂。那成了改變我看待人生想法轉變的契機。

我一直羨慕那些情緒總是很穩定的人，我的情緒起伏不定，一天之內就會有好幾次波動。不過，多虧了前男友的話，我意識到我不會一輩子維持同樣的模樣，經過努力，我一定能改變自己，這讓我很感激他。於是我不斷地努力，熬過了一些必須咬緊牙關，忍住淚水的夜晚，在我穿過漫長的隧道後，我現在學會控制自己的情緒了，這是多麼地神奇啊。但這並非一蹴而成的，而是通過無時無刻的選擇和持續的思維訓練，才得以看見逐漸成長的自己。

這個世界上的每個人出生時都是一張白紙，就像一筆一畫積累的微小筆觸逐漸完成了一幅畫，我會畫出怎樣的人生取決於今天我所做的微小選擇。這些選擇將影響明天，甚而影響整個人生。

現在，有人的畫紙上可能塗滿了五彩繽紛的色彩，有人的畫紙可能是黯淡的，甚至破損了。重新畫就好了。我教的學生有時會對我說：「老師，我畫錯了，可以給我一張新的紙嗎？」我總是回答：「當然沒問題，我隨時都可以給你一張新的紙」，然後遞出一張乾淨的白紙。

結語

讓人生變得帥氣的方法

儘管我寫了很久的〈日日小紀錄〉，但我依然會面臨許多生活混亂時刻。

在某些時候，我會覺得「時間太寶貴了」。即使我和美好的人共度美好時光，或是找到了夢寐以求的工作，或是去旅行，我總感覺自己每分每秒被時間追趕。意識到這一點並試圖擺脫「時間太寶貴了」的想法，時間似乎流逝得越快了。

與我的這種心情相反，我的行為舉止相當懶散。約定被突然取消的時候，我會不知道該做什麼，進而感到慌張，我不喜歡那樣的自己。我每天都充滿煩惱。我向最疼我的爸爸求助。

我不知道問題出在哪裡，也不知道該從哪裡開始解決。

爸爸寫了封信給我。

信中沒有提到解決問題的具體建議，爸爸只是說了「我愛你」，還有交代一些基

本的生活照顧，如「盡量早起，整理周遭環境，還有洗漱」、「一定要定時吃三餐」等。我眼中只有那些十萬火急的問題，我不理解爸爸只提這些陳腔濫調。但我能做的就是遵循那些建議。我決定更深入使用〈日日小紀錄〉，而沒過多久，我發現我暫時偏離的人生又回到了正軌。

為了活出真實的人性，貼近真實的自我，有些事是不可或缺的：充足的睡眠、按時吃飯與規律的生活。僅是遵守這三件事，也足夠使許多事情得到糾正。這個看似顯然易見的事實，是我通過親身經歷後才領悟的。掌握時間主導權的生活遠比想像中要幸福得多。我不得不說出每個人都會說的話。

就像用冰箱裡相同的食材，有人什麼也做不出來，有人卻能一眨眼做出美味佳餚一樣。時間就像我們人生中的食材。

如果從一開始就廚藝絕倫該有多好？但即使不是如此，只要通過練習，一樣能提高廚藝實力。我的生活在寫〈日日小紀錄〉的過程中，變得更加「美味」。如今，「味道」變得更為穩定。我的意思是，我已經建立起一套生活秩序。

日日小紀錄，實踐高效人生　　194

當我吃到美味的食物時，我總想讓我的家人和我愛的人一起享用。這本書就是在這樣的心情下寫成的，願我的小小心意能傳達給你，並成為令你積極改變的種子。

善於管理時間的人，其生活比那些不擅此道的人更穩定，而且在未來的各個方面都有更大的成長潛力。我希望讀完這本書的你，能夠善用〈日日小紀錄〉挖掘出如寶石般珍貴的時間。

我謹向為這本書的出版付出辛勞的朴義成（박의성）組長、全世正（전세정）編輯與 Hanbit 出版社致以最深切的謝意。另外，謹以此書獻給我的母親，是她用溫暖的微笑養育我，讓今天的我得以存在。

心│視野 心視野系列 142

日日小紀錄，實踐高效人生
데일리 리포트 하루 15 분의 힘

作　　　　者	徐惠潤（서혜윤）
譯　　　　者	黃莞婷
封 面 設 計	楊雅期
內 頁 排 版	theBAND．變設計─ Ada
行 銷 企 劃	蔡雨庭、黃安汝
出版一部總編輯	紀欣怡

出 版 發 行	采實文化事業股份有限公司
業 務 發 行	張世明．林踏欣．林坤蓉．王貞玉
國 際 版 權	劉靜茹
印 務 採 購	曾玉霞
會 計 行 政	李韶婉．許俽瑀．張婕莛
法 律 顧 問	第一國際法律事務所　余淑杏律師
電 子 信 箱	acme@acmebook.com.tw
采 實 官 網	www.acmebook.com.tw
采 實 臉 書	www.facebook.com/acmebook01

I　S　B　N	978-626-349-825-9
定　　　　價	360 元
初 版 一 刷	2024 年 11 月
劃 撥 帳 號	50148309
劃 撥 戶 名	采實文化事業股份有限公司
	104 臺北市中山區南京東路二段 95 號 9 樓
	電話：(02)2511-9798　傳真：(02)2571-3298

國家圖書館出版品預行編目資料

日日小紀錄，實踐高效人生 / 徐惠潤著；黃莞婷譯 .
-- 初版 . -- 臺北市：采實文化事業股份有限公司 , 2024.11
200 面 ; 14.8*21 公分 . --（心視野 ; 142）
譯自：데일리 리포트 하루 15 분의 힘
ISBN 978-626-349-825-9（平裝）

1.CST: 成功法　2.CST: 時間管理　3.CST: 工作效率

177.2　　　　　　　　　　　　　　　　　　113014080

Copyright ⓒ 2023 by 서혜윤（Hye-Yoon Seo）
All rights reserved.
Original Korean edition published in 2023 by Hanbit Biz, Inc.
Chinese(complex) Translation rights arranged with Hanbit Biz, Inc.
Chinese(complex) Translation Copyright ⓒ 2024 by ACME Publishing Co., Ltd.
through M.J. Agency, in Taipei.

版權所有，未經同意不得
重製、轉載、翻印